【文献学基本丛书·第一辑】
吴格 主编

吕思勉 著

经子解题

复旦大学出版社

图书在版编目(CIP)数据

经子解题/吕思勉著.—上海:复旦大学出版社,2024.9
(文献学基本丛书/吴格主编.第一辑)
ISBN 978-7-309-17185-3

Ⅰ.①经… Ⅱ.①吕… Ⅲ.①经学-基本知识②古典哲学-基本知识-中国 Ⅳ.①Z126
②B215

中国国家版本馆 CIP 数据核字(2024)第 015064 号

经子解题

吕思勉　著
责任编辑/杜怡顺

复旦大学出版社有限公司出版发行
上海市国权路 579 号　邮编:200433
网址:fupnet@fudanpress.com　http://www.fudanpress.com
门市零售:86-21-65102580　团体订购:86-21-65104505
出版部电话:86-21-65642845
上海盛通时代印刷有限公司

开本 890 毫米×1240 毫米　1/32　印张 7　字数 150 千字
2024 年 9 月第 1 版
2024 年 9 月第 1 版第 1 次印刷

ISBN 978-7-309-17185-3/Z·124
定价:35.00 元

如有印装质量问题,请向复旦大学出版社有限公司出版部调换。
版权所有　侵权必究

总　序

　　源远流长之中华文明，其声教文物及典章制度，历数千年而迄未中断，实赖于文献之记载与传承。晚近以来文化转型，传统文献以外，又加入外邦文化，中国文献学之畛域大为拓展。生于今世而身为文献学人，非仅知识储备应加宽加厚，研究能力尤须加精加细，然而盱衡中外，实际现状则未容乐观。现代学制及其课程之设置，培养目标以通用型人材为急务，专业学科人材之造就，则有待分阶段完成。置身科技日新时代，人文学科人材之培养本已不易，而文献学人材之造就尤觉其难。文献学之范畴甚广，昔人治史，素重史料、史学及史识，若以此指代文献学研究之内容、方法及观念，两者之内涵庶几相近。文献学作为人文、社科研究之基础学科，征文考献，乃为其根本宗旨。有志研习文史者，舍文献学训练而欲解读先民遗存之典籍，进而认识古代社会之生活及文化，自不免举步艰难，所视茫然，而郢书燕说，所在多有。因此常闻人言，对母语及故国文化之荒疏，已为今人之通病及软肋。

　　文献学研究无所不包，举凡先民创造所遗，莫不可为考释古今文化现象之材料。其内容虽以文字记载为主，亦包含实物文献；其文本以图书典籍为主，亦重视各类非书资料；其取材以本土文献为主，亦关照域外观念及古书。面对林林总总之史料，调查收集，编目整序，研读判断，整理保护，乃至深入揣摩，著书立说，门类既广，专题林立，终生投入，所获依然有限。利用科技信息技术之进步，当代学人虽拥有"穷四海于弹指，缩千里于一屏"之神通，便利远胜于昔人，但传统文献学之基本训练，如前人于目录、版本、校勘、文字、音韵、训诂诸学科之实践经验，仍不可不讲求并勤于借鉴。由识字断文、释读文本始，进而遍识群书，分析综合，加以拾遗补缺，考订遗文，又能删除枝蔓，探明本旨，至于体味古人语境，还原历史场景，应为从事文献研究之基本目标。

　　文献学训练与研究之主要对象，仍为传承至今之历代典籍。由基本典籍而衍生之各类著述，构成现存古代文献之大海汪洋，其中有关文献研究之专著，所示门径与方法，皆为古人遗惠后世之宝贵遗产。近代以来，文献学前辈董理国故，推陈出新，亦产生大批名家专著，足为今人研修之助。二十世纪至今之文献学名家专著，屡经重版之余，犹未餍读者之求。复旦大学出版社编辑同人有鉴于此，发起编辑"文献学基本丛书"，计划由近及远，选刊久已脍炙人口、至今犹可奉为治学圭臬之要籍，重版以飨读者。选本标准，一则立足于名家专著，选择体量适中、授人以渔，既便文献教学参考，又利于各地初学自修者；二则入选诸书，皆从其朔，尽可能择用初期版本，书重初刻，未必非考镜源流之一助焉。

　　　　岁甲辰仲夏古乌伤吴格谨识于复旦大学光华西楼

总　目

经子解题 …………………………………………… 1

附录 ………………………………………………… 171

经 子 解 题

本书据商务印书馆民国十五年(1926)排印本《国学小丛书》整理

自 序

本书皆予讲学时所论,及门或笔录之,予亦稍加补正。群经及先秦诸子之真者,略具于是矣。所积既多,或谓其有益初学,乃加以编次,裒为一帙,印以问世焉。此书有益初学之处凡三:切实举出应读之书,及其读之之先后,与泛论大要、失之肤廓,及广罗参考之书失之浩博,令人无从下手者不同,一也。从前书籍解题,多仅论全书大概,此多分篇论列,二也。论治学方法及书籍之作,亦颇浩繁;初学读之,苦不知孰为可据,此所举皆最后最确之说,且皆持平之论,三也。然学问之道,贵自得之,欲求自得,必先有悟入处。而悟入之处,恒在单词只义人所不经意之处,此则会心各有不同,父师不能以喻之子弟者也。昔人读书之弊,在于不甚讲门径,今人则又失之太讲门径,而不甚下切实工夫:二者皆弊也。愿与承学之士共勉之。弩才自识。民国十三年七月。

目 录

论读经之法 …………………………………………（ 7 ）
诗 ……………………………………………………（ 18 ）
书 ……………………………………………………（ 25 ）
附　论《逸周书》…………………………………（ 34 ）
仪礼　礼记　大戴礼记　周礼……………………（ 41 ）
易 ……………………………………………………（ 58 ）
春秋 …………………………………………………（ 64 ）
论语　孟子　孝经　尔雅…………………………（ 72 ）
论读子之法 …………………………………………（ 76 ）
老子 …………………………………………………（ 92 ）
庄子 …………………………………………………（ 96 ）
列子 …………………………………………………（102）
荀子 …………………………………………………（105）
晏子春秋 ……………………………………………（112）
墨子 …………………………………………………（114）
公孙龙子 ……………………………………………（120）
管子 …………………………………………………（123）
韩非子 ………………………………………………（131）

商君书……………………………………………………（137）
尹文子……………………………………………………（140）
慎子………………………………………………………（143）
邓析子……………………………………………………（145）
吕氏春秋…………………………………………………（146）
尸子………………………………………………………（159）
鹖冠子……………………………………………………（161）
淮南子……………………………………………………（165）

论读经之法

　　吾国旧籍，分为经、史、子、集四部，由来已久。而四者之中，集为后起。盖人类之学问，必有其研究之对象。书籍之以记载现象为主者，是为史。就现象加以研求，发明公理者，则为经、子。固无所谓集也。然古代学术，皆专门名家，各不相通。后世则渐不能然。一书也，视为记载现象之史一类固可，视为研求现象，发明公理之经、子一类，亦无不可。论其学术流别，亦往往兼搜并采，不名一家。此等书，在经、史、子三部中，无类可归；乃不得不别立一名，而称之曰"集"。此犹编新书目录者，政治可云政治，法律可云法律，至不专一学之杂志，则无类可归；编旧书目录者，经可曰经，史可曰史，至兼包四部之丛书，则不得不别立丛部云尔。

　　经、子本相同之物，自汉以后，特尊儒学，乃自诸子书中，提出儒家之书，而称之曰经。此等见解，在今日原不必存。然经之与子，亦自有其不同之处。孔子称"述而不作"，其书虽亦发挥己见，顾皆以旧书为蓝本。故在诸家中，儒家之六经，与前此之古书，关系最大。古文家以六经皆周公旧典，孔子特补苴缀拾，固非；今文家之偏者，至谓六经皆孔子手著，前无所承，亦为未是。六经果皆孔子手著，何不明白晓畅，自作一书；而必伪造生民，虚张帝典乎？治之之法，亦遂不能不因之而殊。章太炎所谓"经多陈事实，诸子多明义理；贾、马不能理诸子，郭象、张湛不能治经"是也。《与章行严论墨学》第二书,见《华国月刊》第四期。按此以大较言之,勿泥。又学问之光大,不徒视前人之唱导,亦视后人之发挥。儒学专行二千年,治之者多,自然日益光大;又其传书既众,疏注亦详;后学钻研,自较治诸子之书为易。天下本无截然不同之理;训诂名物,尤为百家所同。先明一家之书,其余皆可取证。然则先经后子,固研求古籍之良法矣。

欲治经,必先知历代经学变迁之大势。今案吾国经学,可大别为汉、宋二流。而细别之,则二者之中,又各可分数派。秦火之后、西汉之初,学问皆由口耳相传,其后乃用当时通行文字,著之竹帛,此后人所称为"今文学"者也。末造乃有自谓得古书为据,而訾今文家所传为阙误者,于是有"古文之学"焉。今文学之初祖,《史记·儒林传》所列,凡有八家;所谓"言《诗》,于齐则辕固生,于燕则韩太傅。言《书》,自济南伏生。言《礼》,自鲁高堂生。言《易》,自菑川田生。言《春秋》,于齐、鲁自胡毋生,于赵自董仲舒"是也。东京立十四博士:《诗》,鲁、齐、韩;《书》,欧阳、大小夏侯;《礼》,大、小戴;《易》,施、孟、梁丘、京;《春秋》,严、颜;皆今文学。古文之学:《诗》有毛氏,《书》有《古文尚书》,《礼》有《周礼》,《易》有费氏,《春秋》有左氏,皆未得立。然东汉末造,古文大盛,而今文之学遂微。盛极必衰,乃又有所谓伪古文者出。伪古文之案,起于王肃。肃盖欲与郑玄争名,乃伪造古书,以为证据。即清儒所力攻之伪古文《尚书》一案是也。参看后文论《尚书》处。汉代今古文之学,本各守专门,不相通假。郑玄出,乃以意去取牵合,尽破其界限。王肃好攻郑,而其不守家法,亦与郑同。二人皆糅杂今古,而皆偏于古。郑学盛行于汉末;王肃为晋武帝外祖,其学亦颇行于晋初;而两汉专门之学遂亡。此后经学,乃分二派:一以当时之伪书玄学,羼入其中,如王弼之《易》,伪孔安国之《书》是。一仍笃守汉人所传。如治《礼》之宗郑氏是。其时经师传授之绪既绝,乃相率致力于笺疏。是为南北朝义疏之学。至唐代纂《五经正义》,而集其大成。南北朝经学不同。《北史·儒林传》:"其在江左:《周易》则王辅嗣,《尚书》则孔安国,《左传》则杜元凯。其在河洛:《左传》则服子慎,《尚书》《周易》则郑康成。《诗》则并主于毛公,《礼》则同遵于郑氏。"是除《诗》《礼》外,南方所行者,为魏、晋人之学;北方所守者,则东汉之古文学也。然逮南北统一,南学盛而北学微,唐人修《五经正义》,《易》取王,《书》取伪孔,《左》取杜,而服、郑之学又亡。以上所述,虽派别不同,而同导源于汉,可括之于汉学一流者也。

北宋之世,乃异军苍头特起。宋人之治经也,不墨守前人传注,而兼凭一己所主张之义理。其长处,在能廓清摧陷,一扫前人之障翳,而直凑单微。其短处,则妄以今人之意见,测度古人;据后世之情形,议论古事;遂至不合事实。自南宋理宗以后,程、朱之学大行。元延祐科举法,诸经皆采用宋人之书。明初因之。永乐时,又命胡广等修《四书五经大全》。悉取宋、元人成著,抄袭成书。自《大全》出,士不知有汉、唐人之学,并不复读宋、元人之书;而明代士子之空疏,遂于历代为最甚。盖一种学问之末流,恒不免于流荡而忘反。宋学虽未尝教人以空疏,然率其偏重义理之习而行之,其弊必至于此也。物穷则变,而清代之汉学又起。

清儒之讲汉学也,始之以参稽博考,择善而从,尚只可称为汉、宋兼采。其后知凭臆去取,虽极矜慎,终不免于有失,不如专重客观之为当也。其理见下。于是屏宋而专宗汉,乃成纯粹之汉学。最后汉学之中,又分出宗尚今文一派,与前此崇信贾、马、许、郑者立别。盖清儒意主复古，剥蕉抽茧之势，非至于此不止也。

经学之历史，欲详陈之，数十万言不能尽。以上所云，不过因论读经之法，先提挈其纲领而已。今请进言读经之法。

治学之法，忌偏重主观。偏重主观者，一时似惬心贵当，而终不免于差缪。能注重客观则反是。今试设一譬：东门失火，西门闻之，甲、乙、丙、丁，言人人殊。择其最近于情理者信之，则偏重主观之法也。不以己意定其然否，但考其人孰为亲见，孰为传闻。同传闻也；孰亲闻诸失火之家，孰但得诸道路传述。以是定其言之信否，则注重客观之法也。用前法者，说每近情，而其究多误；用后法者，说或远理，而其究多真。累试不爽。大抵时代相近，则思想相同。故前人之言，即与后人同出揣度，亦恒较后人为确。况于师友传述，或出亲闻；遗物未澌，可资目验者乎。此读书之所以重"古据"也。宋人之经学，原亦有其所长；然凭臆相争，是非难定。自此入手，不免失之汗漫。故治经当从汉人之书入。此则治学之法如是，非有所偏好恶也。

治汉学者，于今古文家数，必须分清。汉人学问最重师法。各守专门，丝毫不容假借。如《公羊》宣十五年何注，述井田之制，与《汉书·食货志》略同。然《汉志》用《周官》处，《解诂》即一语不采。凡古事传至今日者，率多东鳞西爪之谈。掇拾丛残，往往苦其乱丝无绪；然苟能深知其学术派别，殆无不可整理之成两组者。夫能整理之成两组，则纷然淆乱之说，不啻皆有线索可寻。今试举一实例。如三皇五帝，向来异说纷如，苟以此法驭之，即可分为今古文两说。三皇之说：以为天皇十二头，地皇十一头，立各一万八千岁；人皇九头，分长九州者，《河图》、《三五历》也。以为燧人、伏羲、神农者，《尚书大传》也。以为伏羲、神农、燧人，或曰伏羲、神农、祝融者，《白虎通》也。以为伏羲、女娲、神农者，郑玄也。以为天皇、地皇、泰皇者，始皇议帝号时秦博士之说也。除《纬书》荒怪，别为一说外，《尚书大传》为今文说，郑玄偏重古文。伏生者，秦博士之一。《大传》云："燧人以火纪,阳尊,故托燧皇于天;伏羲以人事纪,故托羲皇于人;神农悉地力,种谷蔬,故托农皇于地。"可见儒家所谓三皇者,义实取于天、地、人。《大传》与秦博士之说,即一说也。《河图》、《三五历》之说,司马贞《补三皇本纪》列为或说;其正说则从郑玄。《补三皇本纪》述女娲氏事云"诸侯有共工氏,与祝融氏战,不胜,而怒。乃头触不周之山,天柱折,地维缺。女娲乃炼五色石以补天"云云。上言祝融,下言女娲,即祝融即女娲。《白虎通》正说从今文,以古文备或说;或古文说为后人窜入也。五帝之说,《史记》、《世本》、《大戴礼》并以黄帝、颛顼、帝喾、尧、舜当之;郑玄说多一少昊。今案《后汉书·贾逵传》,逵言:"五经家皆言颛顼代黄帝,而尧不得为火德。《左氏》以为少昊代黄帝,即图谶所谓帝宣也。如令尧不得为火德,则汉不得为赤。"则《左氏》家增入一少昊,以六人为五帝之情可见矣。《史记》、《世本》、《大戴礼》,皆今文说,《左氏》古文说也。且有时一说也,主张之者只一二人;又一说也,主张之者乃有多人。似乎证多而强矣。然苟能知其派别,即可知其辗转祖述,仍出一师。不过一造之说,传者较多;一造之说,传者较少耳。凡此等处,亦必能分清家数,乃不至于听荧也。

近人指示治学门径之书甚多,然多失之浩博。吾今举出经学入门简要之书如下:

皮锡瑞《经学历史》 此书可首读之,以知历代经学变迁大略。

廖平《今古文考》 廖氏晚年著书,颇涉荒怪。早年则不然。分别今古文之法,至廖氏始精确。此书必须次读之。

康有为《新学伪经考》 吾举此书,或疑吾偏信今文,其实不然也。读前人之书,固可以观其事实,而勿泥其议论。此书于重要事实,考辨颇详。皆前列原书,后抒己见。读之,不啻读一详博之两汉经学史也,此书今颇难得;如能得之者,读廖氏《今古文考》后,可续读之。

《礼记王制注疏》、《周礼注疏》、陈立《白虎通疏证》、陈寿祺《五经异义疏证》今古文同异重要之处，皆在制度。今文家制度，以《王制》为大宗；古文家制度，以《周礼》为总汇。读此二书，于今古文同异，大致已可明白。两种皆须连疏注细看；不可但读疏文，亦不可但看注。《白虎通义》为东京十四博士之说，今文学之结晶也。《五经异义》为许慎所撰，列举今古文异说于前，下加按语，并有郑驳，对照尤为明了。二陈《疏证》，间有误处。以其时今古文之别，尚未大明也。学者既读前列各书，于今古之别，已可了然，亦但观其采摭之博可矣。

此数书日读一小时，速则三月，至迟半年，必可卒业。然后以读其余诸书，即不虑其茫无把握矣。

古代史书，传者极少。古事之传于后者，大抵在经、子之中。而古人主客观不甚分明；客观事实，往往夹杂主观为说；甚有全出虚构者，是为寓言。参看后论读子之法。而其学问，率由口耳相传，又不能无讹误，古书之传于今者，又不能无阙佚。是以随举一事，辄异说蜂起，令人如堕五里雾中。治古史之难以此。苟知古事之茫昧，皆由主客观夹杂使然，即可按其学术流别，将各家学说，分别部居；然后除去其主观成分而观之，即古事之真相可见矣。然则前述分别今古文之法，不徒可施之儒家之今古文，并可施之诸子也。此当于论读子之方法时详之。唯有一端，论读经方法时，仍不得不先述及者，则"既知古代书籍，率多治其学者东鳞西爪之谈，并无有条理系统之作，而又皆出于丛残掇拾之余；则传之与经，信否亦无大分别"是也。世之尊经过甚者，多执经为孔子手定，一字无讹；传为后学所记，不免有误。故于经传互异者，非执经以正传，即弃传而从经，几视为天经地义。殊不知尼山删定，实在晚年，焉能字字皆由亲笔即谓其字字皆由亲笔,而孔子与其弟子,亦同时人耳,焉见孔子自执笔为之者,即一字无讹;言出于孔子之口,而弟子记之,抑或推衍师意者,即必不免有误哉。若谓经难私造,传可妄为,则二者皆汉初先师所传,经可信,传亦可信;传可伪,经亦可伪也。若信今文之学,则经皆汉代先师所传,即有讹阙,后人亦无从知之。若信古文之学,谓今文家所传之经,以别有古经,可资核对,所异唯在文字,是以知其可信;则今文先师,既不伪经,亦必不伪传也。是以汉人引用,经传初不立别。崔适《春秋复始》论"汉儒引《公羊》者皆谓之《春秋》;可见当时所谓《春秋》者,实合今之《公羊传》而名之"甚详。余谓不但《春秋》如此,即他经亦如此。《太史公自序》引《易》"失之豪厘,缪以千里",此二语汉人引者甚多,皆谓之《易》。今其文但见《易纬》。又如《孟子·梁惠王下》篇载孟子对齐宣王好勇之问曰:"《诗》云:'王赫斯怒,爰整其旅,以遏徂莒,以笃周祜,以对于天下。'此文王之勇也,文王一怒而安天下之民。《书》曰:'天降下民,作之君,作之师;惟曰其助上帝,宠之四方,有罪无罪,惟我在,天下曷敢有越厥志。'一人衡行于天下,武王耻之。此武王之勇也。而武王亦一怒而安天下之民。""此文王之勇也","此武王之勇也",句法相同;自此以上,皆当为《诗》、《书》之辞;然"一人衡行于天下,武王耻之",实为后人评论之语。孟子所引,盖亦《书传》文也。举此两事,余可类推。近人过信经而疑传者甚多。予去岁《辨梁任公阴阳五行说之来历》一文,曾力辨之。见《东方杂志》第二十卷第二十册,可以参观。又如《北京大学月刊》一卷三号,载朱君希祖整理中国最古书籍之方法论,谓欲"判别今古文之是非,必取立敌共许之法。古书中无明文,今古文家之传说,一概捐除。唯《易》十二篇、《书》二十九篇、《诗》三百五篇、《礼》十七篇、《春秋》、《论语》、《孝经》七书,为今古文家所共信。因欲取为判别二家是非之准"。朱君之意,盖欲弃经说而用经文,亦与梁君同蔽。姑无论经传信否,相去不远。即谓经可信,传不可信,而经文有不能解释处,势必仍取一家传说,是仍以此攻彼耳,何立敌共许之有。今古说之相持不决者,固各有经文为据,观许慎之《五经异义》及郑驳可见也。决嫌疑者视诸圣,久为古人之口头禅,岂有明有经文可据,而不知援以自重者哉。大抵古今人之才智,不甚相远。经学之所以聚讼,古事之所以茫昧,自各有其原因。此等疑难,原非必不可以袪除,然必非一朝所能骤决。若有如朱君所云直截了当之法,前此治经之人,岂皆愚骏,无一见及者邪?

治经之法,凡有数种:(一)即以经为一种学问而治之者。此等见解,由昔日尊经过甚使然。今已不甚适合。又一经之中,所包甚广,人之性质,各有所宜,长于此者不必长于彼。因治一经而遍及诸学,非徒力所不及;即能勉强从事,亦必不能深造。故此法在今日不甚适用。(二)则视经为国故,加以整理者。此则各本所学,求其相关者于经,名为治经,实仍是治此科之学,而求其材料于古书耳。此法先须于所治之学,深造有得;再加以整理古书之能,乃克有济。此篇所言,大概为此发也。(三)又有因欲研究文学,而从事于读经者。其意亦殊可取。盖文学必资言语,而言语今古相承,不知古语,即不知后世言语之根原。故不知最古之书者,于后人文字,亦必不能真解。经固吾国最古之书也。但文学之为物,不重在死法,而贵能领略其美。文学之美,只可直觉;非但徒讲无益,抑亦无从讲起。今姑定一简明之目,以为初学诵习参考之资。盖凡事熟能生巧,治文学者亦不外此。后世文学,根原皆在古书。同一熟诵,诵后世书,固不如诵古书之有益。而欲精研文学,则数十百篇熟诵之文字,固亦决不能无也。

《诗》 此书近今言文学者必首及之,几视为第一要书,鄙意少异。韵文视无韵文,已觉专门;谈韵文而及于《诗经》,则其专门更甚。何者?四言诗自汉魏后,其道已穷。非专治此一种文学者,不易领略其音节之美,一也;诗之妙处,在能动人情感,而此书距今太远,今人读之,实不能知其意之所在,二也;诗义之所以聚讼莫决者,其根原在此。若现在通行之歌谣,其有寓意者,固人人能知之也。故此书除专治古代韵文者外,但略事泛览,知其体例;或择所好熟诵之即可。

《书》 《书》之文学,别为一体。后世作庄严典重之文字者,多仿效之。若细分之,仍有三种:(一)最难通者,如《周诰》、《殷盘》是;(二)次难通者,通常各篇皆是;(三)最易通者,如《甘誓》、《牧誓》、《金縢》诸篇是。第一种存古书原文盖最多;第三种则十之八九,殆皆孔子以后人所为也。此书文字虽不易解,然既为后世庄严典重之文字所从出,则亦不可不熟复而求其真了解。《洪范》、《无逸》、《顾命》、兼今本《康王之诰》。《泰誓》四篇,文字最美,如能熟诵更妙。《禹贡》一篇,为后世地志文字体例所自出,须细看。

《仪礼》 《礼记》 《周礼》 《仪礼》、《周礼》皆记典制之书。不必诵读,但须细看,知其体例。凡记述典制之文皆然。《礼记》一书,荟萃诸经之传及儒家诸子而成。见后。文字亦极茂美。论群经文学者,多知重《左氏》,而罕及《小戴》,此皮相之论也。《左氏》所叙之事,有与《檀弓》同者,二者相较,《左氏》恒不如《檀弓》。其余论事说理之文,又何一能如《戴记》之深纯乎?不可不择若干篇熟诵之也。今更举示篇名如下:《檀弓》为记事文之极则,风韵独绝千古,须熟读。《王制》为今文学之结晶,文字亦极茂美。可熟读。既有益于学问,又有益于文学也。《文王世子》,文最流畅。《礼运》、《礼器》,文最古雅。《学记》、《乐记》,文最深纯。《祭义》,文最清丽。《坊记》、《表记》、《缁衣》三篇为一类,文极清雅。《儒行》,文极茂美。《冠义》、《昏义》、《乡饮酒义》、《射义》、《燕义》、《聘义》六篇,为《仪礼》之传,文字亦极茂美。以上诸篇,皆可熟读。然非谓《戴记》文字之美者，遂尽于此，亦非谓吾所指为最美者，必能得当；更非敢强人之所好以同于我也。聊举鄙意，以供读者之参考耳。

《易》 此书《卦辞》、《爻辞》，知其体例即可。《彖辞》、《文言》、《系辞传》，文皆极美，可择所好者熟诵之。《序卦》为一种序跋文之体，可一看。

《春秋》 三传文字，自以《左氏》为最美。其文整齐研练，自成风格，于文学上关系极巨。《左氏》系编年体，其文字一线相承，无篇目，不能列举其最美者。大抵长篇词令叙事，最为紧要。但短节叙事，寥寥数语，亦有极佳者，须细看。《公羊》为《春秋》正宗，讲《春秋》者，义理必宗是书。论文学则不如《左氏》之要。读一过，知其体例可矣。《公羊》之文字为传体，乃所以解释经文，与《仪礼》之传同。后人无所释之经，而亦或妄效其体，此大缪也。此等皆不知义例之过。故讲文学，亦必须略知学问。《穀梁》文体与《公羊》同。

《论语》《孟子》 此两书文极平正，有极简洁处，亦有极反复排荡处。大抵《论语》简洁者多，然亦有反复排荡者，如《季氏将伐颛臾章》是。《孟子》反复排荡者多，然亦有极简洁者，如各短章皆是。于文学极有益。凡书之为大多数人所习熟者，其义理，其事实，其文法，其辞句，即不期而为大多数人所沿用，在社会即成为常识。此等书即不佳，亦不可不一读，况其为佳者乎。《论语》、《孟子》，为我国极通行之书，必不可不熟诵也。

此外《尔雅》为训诂书，当与《说文》等同类读之，与文学无关。《孝经》亦《戴记》之流。但其说理并不甚精，文字亦不甚美。一览已足，不必深求也。

六经排列之次序，今古文不同。今文之次，为《诗》、《书》、《礼》、《乐》、《易》、《春秋》；古文之次，则为《易》、《书》、《诗》、《礼》、《乐》、《春秋》。盖今文家以六经为孔子别作，其排列之次序，由浅及深。《诗》、《书》、《礼》、《乐》，乃普通教育所资；《王制》："乐正崇四术，立四教，顺先王诗书礼乐以造士。"《论语》："子所雅言，诗书执礼。"盖诗书礼乐四者，本古代学校中教科，而孔子教人，亦取之也。而《易》与《春秋》，则为"性与天道"，"经世之志"所寄；故其次序如此也。古文家以六经皆周公旧典，孔子特修而明之。故其排列之次序，以孔子作六经所据原书时代先后为序。愚谓今言整理国故，视凡古书悉为史材则通；谓六经皆史则非。故今从今文家之次，分论诸经源流及其读法如下。

诗

《诗》今文有鲁、齐、韩三家。古文有毛。郑玄初学《韩诗》；后就《毛传》作《笺》，间用韩义。《采蘋》、《宾之初筵》两诗皆难毛。王肃作《毛诗注》、《毛诗义驳》、《毛诗奏事》、《毛诗问难》诸书，以申毛难郑。《齐诗》亡于曹魏；《鲁诗》不过江东；《韩诗》虽存，无传之者；于是三家与毛之争，一变而为郑、王之争。诸儒或申郑难王，或申王难郑，纷纷不定。至唐修《五经正义》，用毛《传》郑《笺》，而其争乃息。王肃之书，今亦已亡。然毛、郑相违处，《正义》中申毛难郑之言，实多用王说。

读《诗》第一当辨明之事，即为《诗序》。案释《诗》之作，凡有三种：（一）释《诗》之字句者，如今之《毛氏诂训传》是也。（一）释《诗》之义者，如今之《诗序》是也。（一）推演《诗》义者，如今之《韩诗外传》是也。三家诂训及释《诗》义之作，今皆已亡。三家诗亦有序，见《诗古微·齐鲁韩毛异同论》。魏、晋而后，《毛诗》专行者千余年。学者于《诗序》率皆尊信。至宋欧阳修作《诗本义》，苏辙作《诗传》，始有疑辞。南渡而后，郑樵作《诗辨妄》，乃大肆攻击。朱子作《诗集传》，亦宗郑说。而《集传》与毛、郑之争又起。《小序》之义，诚有可疑；然宋儒之疑古，多凭臆为说，如暗中相搏，胜负卒无分晓，亦不足取也。清儒初宗毛、郑而攻《集传》。后渐搜采及于三家。始知毛、郑而外，说《诗》仍有古义可征；而《集传》与毛、郑之争，又渐变而为三家与毛之争。时则有为调停之说者，谓《诗》有"作义""诵义"；三家与毛所以异同者，毛所传者作义，三家所传者诵义；各有所据，而亦两不相悖也。其激烈者，则径斥《小序》为杜撰，毛义为不合。二者之中，予颇左袒后说。此非偏主今文，以事理度之，固如是也。

何则？《诗》分《风》、《雅》、《颂》三体。《雅》、《颂》或有本事可指；《风》则本民间歌谣，且无作者可名，安有本义可得。而今之《诗序》，于《风诗》亦篇篇皆能得其作义，此即其不可信之处也。《诗序》究为谁作，说极纷纭。宋以后之说，亦多凭臆测度，不足为据。其传之自古者，凡有四说：以为《大序》子夏作，《小序》子夏、毛公合作者，郑玄《诗谱》也。《正义》引沈重说。以为子夏作者，王肃《家语注》也。以为卫宏作者，《后汉书·儒林传》也。以为子夏首创，而毛公及卫宏加以润饰增益者，《隋书·经籍志》也。肃说不足信，《隋志》亦系调停之辞。所当辨者，独《后书》及《诗谱》两说耳。予谓两说之中，《后书》之说实较可信。今毛《传》之义，固有与《小序》不合者。如《静女》。且其序文义平近，亦不似西汉以前人手笔也。毛《传》之义，所以与《小序》无甚抵牾者，非毛先有《序》为据，乃《序》据毛《传》而作耳。《序》语多不可信，决非真有传授。郑樵谓其采掇古书而成，最为近之。

《诗序》有大、小之别。今本《小序》分列诸诗之前，而《大序》即接第一首《小序》之下。自"风，风也"以下。据《正义》。《小序》之不足信，前已言之，《大序》亦系杂采诸书而成，故其辞颇错乱。但其中颇有与三家之义不背者。魏源说，见《诗古微》。今姑据之，以定《风》、《雅》、《颂》之义。《大序》云："风，风也，教也。风以动之，教以化之。"又云："上以风化下，下以风刺上，主文而谲谏，言者无罪，闻之者足以戒，故曰风。至于王道衰，礼义废，政教失，国异政，家殊俗，而变风变雅作矣。国史明乎得失之迹，伤人伦之废，哀刑政之苛；吟咏情性，以讽其上；达于事变，而怀其旧俗者也。故变风，发乎情，止乎礼义。发乎情，民之性也；止乎礼义，先王之泽也。"此其言风之义者也。又云："一国之事，系一人之本，谓之风。言天下之事，形四方之风，谓之雅。雅者，正也。政有小大，故有小雅焉，有大雅焉。"此其言雅之义者也。又云："颂者，美盛德之形容；以其成功，告于神明者也。"此其言颂之义者也。案：《诗序》言风与颂之义，皆极允惬，唯其言大、小雅，则似尚欠明白。《史记·司马相如传》："大雅言王公大人，而德逮黎庶；小雅讥小己之得失，其流及上。"分别大小之义，实较今《诗序》为优。盖三家义也。

今《诗》之所谓风者：周南、召南、邶、鄘、卫、王、郑、齐、魏、唐、秦、陈、桧、曹、豳，凡十五国。周南、召南为正风。自邶以下，皆为变风。王亦列于风者，《郑谱》谓"东迁以后，王室之尊，与诸侯无异；其诗不能复雅，故贬之也。"《正义》：善恶皆能正人，故幽、厉亦名雅。平王东迁，政遂微弱，其政才及境内，是以变为风焉。十五国之次，郑与毛异。据《正义》：《郑谱》先桧后郑，王在豳后，或系《韩诗》原第邪。

《雅》之篇数较多，故以十篇为一卷。其中《小雅》自《鹿鸣》起至《菁菁者莪》止为正，自此以下皆为变。又分《鹿鸣》至《鱼丽》为文王、武王之正《小雅》，《南有嘉鱼》至《菁菁者莪》为成王、周公之正《小雅》，《六月》至《无羊》为宣王之变《小雅》。《节南山》至《何草不黄》，申毛者皆以为幽王之变《小雅》，郑则以《十月之交》以下四篇为厉王之变《小雅》。《大雅》自《文王》至《卷阿》为正，《民劳》以下为变。又分《文王》至《灵台》为文王之正《大雅》。《下武》至《文王有声》为武王之正《大雅》。《生民》至《卷阿》为成王、周公之正

《大雅》。《民劳》至《桑柔》为厉王之变《大雅》。《云汉》至《常武》为宣王之变《大雅》。《瞻卬》、《召旻》二篇为幽王之变《大雅》。皆见《释文》及《正义》。正《小雅》中，《南陔》、《白华》、《华黍》、《由庚》、《崇丘》、《由仪》六篇，唯有《小序》。《毛诗》并数此六篇，故《诗》之总数，为三百十一篇。三家无此六篇，故《诗》之总数，为三百五篇。小、大《雅》诸诗之义，三家与毛，有同有异，不能备举。可以《三家诗遗说考》与毛《传》、郑《笺》对勘也。

《颂》则三家与毛义大异。毛、郑之义，谓商、鲁所以列于《颂》者，以其得用天子礼乐；今文家则谓《诗》之终以三《颂》，亦《春秋》"王鲁新周故宋"之意，乃通三统之义也。又《鲁颂》，《小序》以为季孙行父作，三家以为奚斯作。《商颂》，《小序》以为戴公时正考父得之于周太师，三家即以为正考父之作。

诗本止《风》、《雅》、《颂》三体，而《小序》增出赋、比、兴，谓之六义。案此盖以附会《周礼》太师六诗之文。然实无赋、比、兴三种诗可指。故郑《志》："张逸问何《诗》近于赋比兴？郑答谓孔子录《诗》，已合《风》、《雅》、《颂》中，难可摘别。"《正义》引。"郑意谓风、雅、颂者，《诗》篇之异体；赋、比、兴者，《诗》文之异辞也。"《正义》说。因此故，乃又谓《七月》一诗，备有风、雅、颂三体，以牵合《周礼》籥章豳诗、豳雅、豳颂之文案：赋者，叙事；比者，寄意于物；兴者，触物而动。譬如实写美人为赋。辞言花而意实指美女为比。因桃花而思及人面，则为兴矣。作《诗》原有此三法。然谓此作《诗》之三法，可与《诗》之三种体制，平列而称六义，则终属勉强；一诗而兼三体，尤不可通矣。窃谓《周礼》之六诗，与《诗》之《风》、《雅》、《颂》，其豳诗、豳雅、豳颂，与《诗》之《豳风》，自系两事，不必牵合。郑君学未尝不博，立说亦自有精到处，然此等牵合今古，勉强附会处，则实不可从也。又今文家以《关雎》、《鹿鸣》、《文王》、《清庙》为四始，见《史记》。盖《鲁诗》说。乃以其为《风》及大、小《雅》、《颂》之首篇；而《小序》乃即以《风》、大小《雅》、《颂》为四始，亦殊不可解。

治《诗》之法，凡有数种：（一）以《诗》作史读者。此当横考列国之风俗，纵考当时之政治。《汉书·地理志》末卷及郑《诗谱》最为可贵。案《汉志》此节本刘歆，歆及父向皆治《鲁诗》，班氏世治《齐诗》，郑玄初治《韩诗》。今《汉志》与郑《谱》述列国风俗，大同小异，盖三家同之义，至可信据也。何诗当何王时，三家与毛、郑颇有异说。亦宜博考。以《诗》证古史，自系治史一法。然《诗》本歌谣，托诸比、兴，与质言其事者有异。后儒立说，面面皆可附会，故用之须极矜慎。近人好据《诗》言古史者甚多。其弊也，于《诗》之本文，片言只字，皆深信不疑；几即视为纪事之史，不复以为文辞；而于某《诗》作于何时，系因何事，则又往往偏据毛、郑，甚者凭臆为说，其法实未尽善也。（一）以为博物之学而治之者。《论语》所谓多识于鸟、兽、草、木之名也，此当精研疏注，博考子部有关动植物诸书。（一）用以证小学者。又分训诂及音韵两端，毛《传》与《尔雅》训诂多合，实为吾国最古之训诂书。最初言古韵者，本自《诗》入，今日言古韵，可据之书，固犹莫如《诗》也。（一）以为文学而研究之者。当先读疏注，明其字句。次考《诗》义，观诗人发愤之由，司马迁云：《诗》三百篇，大抵贤圣发愤之所由作。及其作诗之法。《诗》本文学，经学家专以义理说之，诚或不免迂腐。然《诗》之作者，距今几三千年；作《诗》之意，断非吾侪臆测可得。通其所可通，而阙其所不可通者，是为善读书，若如今人所云"月出皎兮，明明是一首情诗"之类，羌无证据,而言之断然,甚非疑事无质之义也。

《王制》述天子巡守,命太师陈《诗》,以观民风。何君言采《诗》之义曰:《公羊》宣十五年注。"五谷毕入,民皆居宅。男女有所怨恨,相从而歌。饥者歌其食,劳者歌其事。男年六十、女年五十无子者,官衣食之,使之民间求诗。乡移于邑,邑移于国,国以闻于天子。故王者不出牖户,尽知天下所苦,不下堂而知四方。"其重之也如此。夫人生在世,孰能无幽约怨悱,不能自言之情?而社会之中,束缚重重,岂有言论自由之地?斯义也,穆勒《群己权界论》严复译。言之详矣。故往往公然表白之言,初非其人之真意;而其真意,转托诸谣咏之间。古代之重诗也以此。夫如是,《诗》安得有质言其事者,而亦安可据字句测度,即自谓能得作诗之义邪?《汉书·艺文志》曰:"汉兴,鲁申公为《诗》训诂。齐辕固生、燕韩生,皆为之传。或取《春秋》,采《杂说》,咸非其本意。与不得已,鲁最为近之。"此乃古学家攻击三家之辞,其端已肇于班固时。其后乃采取古书,附会《诗》义,而别制今之《诗序》。谓三家皆不知《诗》之本义,而古学家独能得之也。其实《诗》无本义。太师采《诗》而为乐,则只有太师采之之意;孔子删《诗》而为经,则只有孔子取之之意耳。犹今北京大学编辑歌谣,岂得谓编辑之人,即知作此歌谣者之意邪?三家于诗,间有一二,能指出其作之之人及其本事者,如《苤苢》、《柏舟》之类。此必确有所据。此外则皆付阙如。盖《诗》固只有诵义也。以只有诵义故,亦无所谓断章取义。我以何义诵之,即为何义耳。今日以此意诵之,明日又以彼义诵之,无所不可也。以为我诵之之意,则任举何义皆通;必凿指为诗人本义,则任举何义皆窒。《诗》义之葛藤,实自凿求其本义始也。

治《诗》切要之书，今约举如下：

《毛诗注疏》 今所传《十三经注疏》，乃宋人所集刻。其中《易》、《书》、《诗》、《三礼》、《左》、《穀》，皆唐人疏。疏《公羊》之徐彦，时代难确考，亦必在唐以前。《论语》、《孝经》、《尔雅》皆宋邢昺疏，亦多以旧疏为本。唯《孟子疏》题宋孙奭，实为邵武士人伪托，见《朱子语录》。其疏极浅陋，无可取耳。唐人所修《正义》，诚不能尽满人意。然实多用旧疏，为隋以前经说之统汇，仍不可不细读也。特于此发其凡，以后论治诸经当读之书，即不再举注疏。

陈启源《毛诗稽古编》 宋人说《诗》之书甚多，读之不可遍。此书多驳宋人之说，读之可以知其大略。

马瑞辰《传笺通释》、陈奂《诗毛氏传疏》 以上两书，为毛、郑之学。

陈乔枞《三家诗遗说考》、魏源《诗古微》 以上两书，为三家之学。魏书驳毛、郑，有极警快处。其立说亦有不可据处。魏氏之学，通而不精也。辑三家《诗》者始于宋之王应麟。仅得一小册。陈氏此书，乃十倍之而不止。清儒辑佚之精，诚足令前人俯首矣。

三家之中，《齐诗》牵涉纬说。如欲明之，可观迮鹤寿《齐诗翼奉学》，及陈乔枞《诗纬集证》两书。意在以《诗》作史读者，于《诗》之地理，亦须考究。可看朱右曾《诗地理徵》。意在研究博物者，毛《传》郑《笺》而外，以吴陆玑《诗草木鸟兽虫鱼疏》为最古。与《尔雅》、毛《传》，可相参证也。

书

　　《尚书》真伪，最为纠纷。他经唯经说有聚讼，经文同异，止于文字，《尚书》则经文亦有真伪之分。案伏生传《书》二十八篇，今文家以为无阙。刘歆《移太常博士》，所谓"以《尚书》为备"也。然《汉志》称大、小夏侯《经》二十九卷，欧阳《经》三十一卷。此"三十一"，汲古阁本作"二十二"，武英殿本作"三十二"。案《志》下文欧阳《章句》三十一卷，则殿本"三十"字是，而"二"当作"一"。陈寿祺谓今文《书》亦有序，《左海经辨》。序说多与今文不合，说颇难信。王引之谓加后得《泰誓》，《经义述闻》。说较近之。大、小夏侯合为一，欧阳析为三。唯以《泰誓》为伏生所固有，则未必然耳。古文家谓《书》本有百篇，鲁共王坏孔子宅得之。孔安国以今文读之，得多十六篇，献之。遭巫蛊之事，未立于学官。《汉志》：《尚书古文经》四十六卷。除二十九篇与《今文经》同外，逸十六篇为十六卷，又一卷盖《序》也。《后汉书·儒林传》：杜林传《古文尚书》，贾逵为之作《训》，马融作《传》，郑玄《注解》，盖即此本。然逸十六篇，绝无师说，马、郑亦未尝为之作注也。迨东晋时，豫章内史梅赜，乃献所谓孔安国传者。其书凡五十八篇，为四十六卷。其三十三篇与郑同，二十五篇，又多于郑。今案伏生所传者：《尧典》一，合今《舜典》，而无篇首二十八字。《皋陶谟》二，合今本《益稷》。《禹贡》三，《甘誓》四，《汤誓》五，《盘庚》六，《高宗肜日》七，《西伯戡黎》八，

《微子》九,《牧誓》十,《洪范》十一,《金縢》十二,《大诰》十三,《康诰》十四,《酒诰》十五,《梓材》十六,《召诰》十七,《洛诰》十八,《多士》十九,《无逸》二十,《君奭》二十一,《多方》二十二,《立政》二十三,《顾命》二十四,合今本《康王之诰》。《费誓》二十五,《吕刑》二十六,《文侯之命》二十七,《秦誓》二十八。加后得《泰誓》则二十九。郑分《盘庚》为三,析《康王之诰》于《顾命》,又分《泰誓》为三,得多五篇,为三十四。所谓逸十六篇者,其目见于《正义》。郑又分其《九共》为九篇:则《舜典》一,《汩作》二,《九共》九篇十一,《大禹谟》十二,《益稷》十三,《五子之歌》十四,《胤征》十五,《汤诰》十六,《咸有一德》十七,《典宝》十八,《伊训》十九,《肆命》二十,《原命》二十一,《武成》二十二,《旅獒》二十三,《冏命》二十四,共为五十八篇。晚出孔《书》,于二十九篇内无《泰誓》,而析《尧典》之下半为《舜典》,《皋陶谟》之下半为《益稷》,《盘庚》分三篇凡三十三。其多出之二十五篇:则《大禹谟》一,《五子之歌》二,《胤征》三,《仲虺之诰》四,《汤诰》五,《伊训》六,《太甲三篇》九,《咸有一德》十,《说命三篇》十三,《泰誓三篇》十六,《武成》十七,《旅獒》十八,《微子之命》十九,《蔡仲之命》二十,《周官》二十一,《君陈》二十二,《毕命》二十三,《君牙》二十四,《冏命》二十五,合之三十三篇,共五十八。后又加《舜典》篇首二十八字,即今通行之《尚书》矣。郑之逸十六篇,为此本所无。孔《书》与郑异,而《序》则同。《正义》:"马、郑之徒,百篇之序,总为一卷。孔以各冠其篇首;亡篇之序即随其次,居见存者之间。"案汉时伪造《尚书》者,尚有张霸之《百两篇》。《儒林传》谓其采《左氏传》及《书叙》,则《书叙》亦张霸所为矣。予案东晋晚出之《伪书》,既已不雠;张霸《百两篇》之伪,当时即破;即博士所读后得《泰誓》,亦伪迹显然。马融疑之，极为有见；见今《泰誓》及《左》襄三十一年疏。然则博士以二十八篇为备，说盖不诬。安有所谓百篇之《书》？更安有所谓百篇之《序》？然则逸十六篇，盖亦难信。郑玄、马融、王肃之徒，乃并以《书序》为孔子作，见《正义》。岂不缪哉？然其说亦有所本。案《璇玑钤》谓"孔子求得黄帝玄孙帝魁之书，迄于秦穆公，凡三千二百四十篇。定可以为世法者百二十篇。以百二篇为《尚书》，十八篇为《中侯》"。此盖张霸之伪所由托，而亦古文家百篇之说所由昉。纬说荒怪，诚难尽凭。然谓孔子删《书》，只取二十八篇，则其说可信，谓《尚书》一类之书，传于后代者，必只二十八篇，则未必然。何者？《逸书》散见古书者甚多，《尹吉》见《礼记·缁衣》。《高宗》见《坊记》。《夏训》见《左》襄四年。《伯禽》、《康诰》见定四年。《相年》见《墨子·尚同》。《禹誓》见《兼爱》、《明鬼》。《武观》、《官刑》见《非乐》。《大战》、《掩诰》见《尚书大传》。《大戊》见《史记·殷本纪》。《丰刑》见《汉书·律历志》。又《书序》所有之《九共》、《帝告》、《说命》、《泰誓》、《嘉禾》、《巽命》六篇，亦见《大传》。详见《新学伪经考》。岂能尽指为伪物？《史记》谓古者《诗》三千余篇，说者亦多疑之。然今《佚诗》散见群书者亦甚多；谓孔子删《诗》为三百五篇则可，谓《诗》止三百五篇，亦未必然也。盖孔门所传之《诗》、《书》为一物，固有之《诗》、《书》，又为一物。孔子所删，七十子后学奉为定本者，《诗》止三百五篇，《书》只二十八篇；原有之《诗》、《书》，则固不止此。抑此三百五篇、二十八篇者，不过孔子删定时所取之数；固未必无所取义；然必谓在此外者，即与此三百五篇、二十八篇，大相悬殊，亦属决无之理。故删定时虽已刊落，讲论之际，仍未尝不诵说及之。门人弟子，乃各著所闻于传。此今古籍中佚诗佚书之所以多也。然则所谓以百二篇为《尚书》，十八篇《中侯》者，得毋二十八篇之外，又有数十百篇，虽不及二十八篇之美善,而亦胜于其余之三千余篇,故孔子于删定二十八篇之后,又特表异之于其余诸篇邪?必因此谓《书》有百篇,而訾博士所传为不备,则过矣;然并谓其不足齿于传说所引之逸书,则亦未是。经与传之相去,本不甚远。后得《泰誓》,诚不能遽比之于经,固不妨附益于传。此其所以伪迹虽显,而博士仍附之于经以为教,非真识不如马融也。东晋晚出之古文《书》,虽属伪造,亦多有古书为据。逸十六篇,未知是否此类,抑或真为古之逸书,要其亡佚,则固可惜矣。

东晋晚出之伪《孔传》,唐孔颖达作《正义》,原有疑词。然此后迄无人提及。宋吴棫作《书稗传》,乃始疑之。《朱子语录》于此书亦尝致疑。明梅鷟作《尚书考异》,乃明斥其伪。然所论证,尚不甚确。清阎若璩作《古文尚书疏证》,一一从客观方面加以证明,而此书之伪乃定。然尚未得其主名。迨丁晏作《尚书余论》,乃证明其为王肃所造焉。初学欲明此一重公案者,宜读阎、丁两家之书。(一)为用考证方法攻击伪书,言之成理最早之作,(一)则累经考究后之定论也。此书虽属伪造,亦多有古书为据,为之一一抉其出处者,则为惠栋之《古文尚书考》。

晚《书》之伪既明,考索汉儒书说之事斯起。其中搜辑旧说,为之作疏者,凡有两种:(一)江声《尚书集注音疏》、(二)孙星衍《尚书今古文注疏》是也。江书早出,搜采未全。孙书较备。其时今古文之派别,尚未大明。误以司马迁为古文,实为巨谬。然其搜辑颇备;学者于今古文派别,自能分明,作材料看可也。段玉裁《古文尚书撰异》,左袒古学,立说颇偏。王鸣盛《尚书后案》,则专为郑氏一家之学。然二书钩校搜采,俱颇详密,亦可参稽。其后今古学之派别渐明，乃有分别古今，及搜考今文之事。攻击古文最力者，为魏源之《书古微》。驳诘颇为骏快，而立说亦或不根，与其《诗古微》同。搜采今文经说者，为陈乔枞《今文尚书遗说考》。

《尚书》中《禹贡》一篇，为言地理最古之书。历来注释者独多。盖不徒有关经学，抑且有关史部中之地理矣。胡渭《禹贡锥指》一书，搜考最博。初学可先读一过。因读此一书，即可见古今众说之崖略也。唯其书兼搜并蓄，初非专门之学。若求确守汉学门户者，则焦循《禹贡郑注释》、成蓉镜《禹贡班义述》最好。

《尚书》、《春秋》，同为古史。所谓左史记言，右史记事；言为《尚书》，事为《春秋》是也。然既经孔子删修，则又自成其为经，而有孔门所传之经义。经义史事，二者互有关系，而又各不相干。必能将其分析清楚，乃能明经义之旨，而亦可见史事之直。否则纠缠不清，二者皆病矣。今试举尧、舜禅让之事为例。尧、舜禅让之事，见于《孟子》、《大传》、《史记》者，皆以为廓然公天下之心。然百家之说与此相反者，不可胜举。究何所折衷哉？予谓九流之学，其意皆在成一家言，本非修订古史；而春秋、战国时所传古事，亦实多茫昧之词。如今村夫野老之说曹操、诸葛亮、李世民、赵匡胤，但仿佛知有此人耳，其事迹则强半附会也。事实既非真相，功罪岂有定评？百家著书，乃各就己意，取为证佐。此犹后人谓"六经皆我注脚"，原不谓经意本如此也。尧、舜禅让之事，百家异说，姑措勿论。即就儒书考辨，如羿之不得其死，见《癸巳类稿·羿证》。及共工、驩兜、鲧，皆在四岳之列，见宋翔凤《尚书略说》。其事亦实有可疑。然则《孟子》、《大传》、《史记》所传，盖非其事之真相，特孔门之经说耳。托之空言，不如见之行事。借史事以发挥己意，后人亦时有之。如苏轼以李斯狂悖，归罪荀卿，谓"其父杀人报仇，其子必且行劫"。岂真好为是深文哉，心疾夫高言异论之徒，聊借此以见意也。姚鼐驳之，谓"人臣善探其君之隐，一以委曲变化从世好者，其为人尤可畏"，意亦犹此。然则《孟子》、《大传》、《史记》之言，当径作经义读，不必信为史事。此所谓各不相干者也。然古代史籍，既已不传。欲知其事，固不得不就百家之说，披沙拣金，除去其主观之成分以求之。此则又所谓互有关系者矣。欲除去主观之成分，固非通知其书之义例不可。此则读书之所以贵方法也。今更就真书二十八篇，各示其概要如下：

《尧典》包今本《舜典》，唯须除去篇首二十八字。　此篇记尧、舜之事。首记尧所行之政。次记尧举舜，命之摄政，及舜摄政后所行事。又次记尧之终，舜之践位，及舜践位后所行之政。终于舜之死。《大学》引此篇，谓之《帝典》，盖以其兼包尧、舜之事也。逸十六篇别立《舜典》之目已非。伪孔即割此篇下半为《舜典》，则《尧典》记尧事不终矣。此篇关涉历法、巡守、刑法，可考古代典制。

《皋陶谟》包今本《益稷》。　此篇记禹、皋陶、伯益之事。《史记》云："禹即位，举皋陶，授之政，皋陶卒，又以政任益。"盖皋陶、伯益之于禹，犹舜之于尧，禹之于舜也。

《禹贡》　此篇记禹治水之事。先分述九州，次总叙名山大川，又次记五服贡赋之制。地志书之可信者，当以此为最古矣。近人或谓此篇必非禹作，遂目为伪。然传书者本未云《尧典》必尧时史官作，《禹贡》必禹自撰也。此等辨伪之法，几于无的放矢矣。参看《论读子之法》。

《甘誓》　此篇记启伐有扈战于甘之誓辞。《墨子》谓之《禹誓》。古人蒙祖父之号者甚多，不足疑也。

《汤誓》 此篇为汤伐桀时誓辞。

《盘庚》今本分为三篇。 此篇为盘庚自河北徙河南时诰下之辞。《史记》谓在盘庚即位后，《序疏》引郑注，谓在盘庚相阳甲时。此篇可考古者"询国迁"之制。篇中屡以乃祖乃父，及我高后将降不祥，恐喝其下，可见殷人之尚鬼。

《高宗肜日》 此篇记武丁祭成汤，有"飞雉升鼎耳而响，祖己训王"之词。

《西伯戡黎》 此篇记文王灭黎，祖伊恐，奔告于纣之事。可见灭黎一役，于商、周兴亡，关系甚大。

《微子》 此篇记纣太师少师劝微子去纣之语。

《牧誓》 此篇为武王与纣战于牧野时之誓辞。篇中庸、蜀、羌、髳、微、泸、彭、濮人云云，可考武王所用之兵。

《洪范》 此篇记箕子告武王以天锡禹之《洪范》九畴，乃我国最古之宗教哲学书也。说虽近乎迷信，然讲古代之哲学宗教者，不能离术数。古代之术数，实以此篇为统汇。此篇所陈之数，与《易》数亦相通。故宋后《易》学之讲《图》、《书》者，又有"演范"一派。欲考古代哲学宗教者，不容不究心也。

《金縢》 此篇记武王有疾，周公请以身代，及雷风示变之事。案《史记》谓克殷后二年，武王病，周公请以身代。武王有瘳，后而崩。成王幼，周公摄政。二叔及武庚叛，周公东伐之，二年而毕定。初成王少时，亦尝病。周公亦请以身代，而藏其策于府。成王亲政后，人或谮周公，周公奔楚。王发府，见策，乃泣，反周公。周公卒，成王葬之不以王礼。于是有雷风之异。成王开金縢，得周公欲代武王之说，乃以王礼改葬之。今文家说皆如此，可看《今文尚书经说考》。郑玄则谓管叔流言，周公避居东国，待罪以须君之察己。成王不悟，尽执其族党。逮有雷风之异，乃感悟，迎周公归，归而摄政焉。见《诗·豳》谱及《七月》、《鸱鸮》、《东山》序疏，及《礼记·明堂位》疏。案郑说殊不近情。盖此篇"秋大熟"以下，与上文非记一时之事，而郑误合之也。孙星衍之说如此。

《大诰》 此篇为周公东征时诰辞。篇中之"王"，郑以为周公摄政践王位自称，伪孔以为代成王立言。于古代摄政之制，颇有关系。

《康诰》 此篇为封康叔诰辞。多涉刑法，可考古代典制。

《酒诰》 此篇亦诰康叔，可见当时沫邦酗酒之甚，及周治之刑法之严。

《梓材》 此篇诰康叔以为政之道。

《召诰》 此篇记周、召二公，卒营洛邑之事。

《洛诰》 此篇为洛邑成后，周公诰戒成王之语。

《多士》 此篇为成周既成，迁殷民，诰之之辞。

《无逸》 此篇亦周公告戒成王之语。篇中历举殷代诸王及文王享国长短。共和以前，古史年代之可考者，以此为最可据矣。《尧典》记舜之年，适足百岁，即不可信。

《君奭》 此篇为周公摄政时告召公之语。篇中多引殷及周初贤臣，可考古代史事。

《多方》 此篇为成王灭奄后，归诰多方之语。

《立政》 此篇为周公致政后告成王之语。述当时官名甚多，亦可考古代典制。

《顾命》合今本《康王之诰》。 此篇记成王殁康王立之事,可考古代大丧及即位之礼。所述陈列器物,亦可考古代重器。

《费誓》 此篇为伯禽伐淮夷誓辞。

《吕刑》 此篇记穆王改定刑法之事。言古代刑法者,以此篇为最完具。

《文侯之命》 此篇《史记》以为城濮战后,周襄王命晋文公之辞,《书序》以为平王命晋文侯之辞。《书序》与今文说不合,即此可见。

《秦誓》 此篇为秦穆公胜晋后誓众之辞。秦文之可考者,当以此及《石鼓文》《诅楚文》为最古矣。《石鼓文》昔人多以为周宣王作,非是。近人王国维、马衡考定为秦时物,说较可信。马作见《北京大学国学季刊》第一册。

附　论《逸周书》

今之《逸周书》，《汉志》列之书家。说者因以为孔子删《书》之余，其实非《书》之伦也。特以此说相沿已久，后人编甲部书者，亦多收之。《清正续经解》尚然。又有人之乙部者；然古代经子而外，实无所谓史，亦未安也。故附论之于此。就鄙见，此书入子部兵家最妥。

此书《汉志》只称《周书》。《说文》祢字下引之始称逸。所引见今本典篇。然此语疑非许君原文。《隋志》系之汲冢。后人有信之者；有辨之者，亦有调停其说，谓此书汉后久晦，得汲冢本乃复明者。《四库提要》云："《晋书·武帝纪》及《荀勖束晳传》，载汲郡人不准所得《竹书》七十五篇，具有篇名，无所谓《周书》。杜预《春秋集解后序》载汲冢诸书，亦不列《周书》名。"则辨之者是也。《汉志》七十一篇。师古注：存者四十五。然《史通》言"《周书》七十一章，上自文、武，下终灵、景"，不言有阙。则唐时所传，盖有两本。故《唐志》以《汲冢周书》十卷，与孔晁注《周书》八卷并列。师古所见，盖即孔晁注八卷本，不全。知幾所见，则蒙汲冢名之十卷本，无阙也。今本篇目，凡得七十。陈振孙《书录解题》谓"此书凡七十篇，叙一篇，在其末"。则今本篇名较之《汉志》，并未阙少。盖即知幾所见之本。然篇名具存，而书则已阙十一篇矣。至孔晁注则今仅存四十二篇，较师古所见，又阙其三焉。

附　论《逸周书》

蔡邕《明堂月令论》谓《周书》七十一篇，《月令》第五十三，篇数与《汉志》合，篇第亦同今本，似今本确为《汉志》之旧。然《汉志》自注曰："周史记。"师古引刘向曰："周时诰誓号令也。"今本非诰誓号令者，实居其半。序固举全书悉指为周史记，但观本文，则无以明之。序与书颇不合，不足信也。诸篇文体，有极类《尚书》者，如《商誓》《祭公》两篇是。亦有全不类《尚书》，而类周、秦诸子，且极平近者。如《官人》《太子晋》两篇是。又有可决为原书已亡，而后人以他书补之者，如《殷祝》篇是。谓其不可信，则群书所征引，今固多散见各篇之中。谓为可信，则群书所征引，为今本所无者，亦复不少。朱右曾本辑之。诿为尽在亡篇之中，似亦未安也。朱右曾曰："此书虽未必果出文、武、周公之手，要亦非秦、汉人所能伪托。何者？庄生有言：圣人之法，以参为验，以稽为决，一二三四是也。周室之初，箕子陈畴，周官分职，皆以数纪。大致与此书相似。"今此书书亡篇中有《箕子》，安知其不与《洪范》相出入。《克殷》《度邑》两篇，为《史记·周本纪》所本。《世俘》篇记武王狩禽及征国、服国、俘馘、俘宝玉之数，迹似残虐。然与《孟子》所言"周公相武王，灭国者五十，驱虎豹犀象而远之"，隐相符合。孟子自述所见《武成》，固亦有"血流漂杵"之语。是此书确可称为《尚书》之类也。然如《武称》《允文》《大武》《大明武》《小明武》《武顺》《武穆》《武纪》诸篇，则明明为兵家言。《文传》后半，文字极类《管子》。《开塞》为商君之术，参看论《商君书》。亦已见本篇中。又《汉书·食货志》：王莽下诏，谓"《乐语》有五均"。今《乐语》已亡，而五均之别，实见本书之《大聚》，五均者，抑并兼之政，亦《管子》轻重之伦也。吾国之兵家言，固多涉及治国。其记周事之篇特多者，著书托古，古人类然。亦或诚有所祖述。今

《六韬》即如此，岂能附之书家乎？然则此书入之子部兵家，实最妥也。

此书隶之书家，虽拟不于伦。然全书中涉及哲理及论治道治制之处，皆与他古书相类。文字除数篇外，皆朴茂渊雅，决非汉后人所能为。所述史迹，尤多为他书所不见，实先秦旧籍中之瑰宝矣。

此书传本，讹谬甚多。卢抱经始有校本。其后陈逢衡有《逸周书补注》，朱右曾有《逸周书集训校释》。

《度训》第一、《命训》第二、《常训》第三、《文酌》第四　据《序》，自此至《文传》，皆文王之书。《度训》欲以弼纣，《命训》、《常训》、《文酌》所以化民。然序实不足信，不拘可也。此数篇之意，大约言法度原于天理，必能遵守法度，乃可以和众而聚人。一切赏罚教化之事，皆合群所必须，而亦无不当准诸天然之理者也。理极精深，文颇难解。

《籴匡》第五　此篇述成岁、俭岁、饥岁行事之异，可见古者视岁丰耗，以制国用之规。

《武称》第六、《允文》第七、《大武》第八、《大明武》第九、《小明武》第十　此五篇皆兵家言，甚精。

《大匡》第十一　此篇言荒政。

《程典》第十二　此篇记文王被囚，命三卿守国，诰以治国之道。

《程寤》第十三、《秦阴》第十四、《九政》第十五、《九开》第十六、《刘法》第十七、《文开》第十八、《保开》第十九、《八繁》第二十　此八篇亡。

附　论《逸周书》

　　《酆保》第二十一、《大开》第二十二、《小开》第二十三、《文儆》第二十四、《文传》第二十五　以上五篇，为文王受命作丰邑后事。《酆保》为命公卿百官之语。《大小开》皆开示后人之语。《文儆》、《文传》则文王自知将死，诰太子发之语也。

　　《柔武》第二十六、《大开武》第二十七、《小开武》第二十八、《宝典》第二十九　据序，自二十六至四十六，皆武王之书。此四篇为武王即位后，与周公讲论治国之道。其以武名篇者，我国兵家言，固多涉及政治也。

　　《酆谋》第三十、《寤儆》第三十一　此两篇皆谋伐商之事。

　　《武顺》第三十二、《武穆》第三十三　前篇言军制，后篇言军政，亦兵家言之精者。

　　《和寤》第三十四、《武寤》第三十五、《克殷》第三十六、《世俘》第三十七　此四篇记武王克商之事，事迹多可与他书互证，或补其不备。《世俘》篇原第四十，朱本移前，与《克殷》相次。

　　《大匡》第三十八、《文政》第三十九　此两篇记武王在管之事。上篇东隅之侯，受赐于王，王诰之。下篇管、蔡以周政开殷人。

　　《大聚》第四十　此篇记武王克殷后，问周公以徕民之道，述治制甚详。

　　《箕子》第四十一、《耆德》第四十二　《耆德》，《序》作《考德》。此两篇亡。

　　《商誓》第四十三　誓读为哲。此篇记武王告商诸侯之语。先称商先哲王，次数纣之恶，终述己意，极与《书》类。

　　《度邑》第四十四　此篇记武王、周公图建洛邑之事，较《史记》为详。

《武儆》第四十五、《五权》第四十六　此两篇记武、成相继之事。《武儆》篇盖记立成王为太子，而残缺，只寥寥数语。《五权》为武王疾笃告周公之辞。

《成开》第四十七　据序，自此至五十九，为成王、周公之书。此篇为成王元年，周公开告成王之语。

《作雒》第四十八　此篇记周公克殷后，营建洛邑之事。

《皇门》第四十九　此篇记周公会群臣于皇门，诰诫之之语。

《大戒》第五十　此篇亦周公陈戒成王之辞。

《周月》第五十一、《时训》第五十二、《月令》第五十三　序云："周公正三统之义，作《周月》。辨二十四气之应，以明天时，作《时训》。制十二月赋政之法，作《月令》。"今《月令》篇亡，《时训》记二十四气之应，与《戴记·月令》同。盖《戴记·月令》实合此书之《时训》、《月令》二篇为一也。《周月》篇末，言"夏数得天，百王所同"。周虽改正以垂三统，"至于敬授民时，巡守祭享，犹自夏焉"。文体与前不类；且此为儒家学说，盖后人以儒书窜入也。《崇文总目》有《周书·月令》一卷，则《月令》在宋时有单行本。

《谥法》第五十四　此篇历记谥法，谓周公葬武王时作。案《戴记》言"古者，生无爵，死无谥"，又言"死谥为周道"，则谥确始于周时。然以为周公作，则亦未必然也。

《明堂》第五十五　与《小戴记·明堂位》篇略同。

《尝麦》第五十六　此篇记成王即政，因尝麦求助于臣。篇中多涉黄帝、少昊、五观之事，可以考史。又云："命大正正《刑书》九篇。"案《左》文十八年，季文子言周公制周礼，"作《誓令》曰：毁则为贼，掩贼为藏。窃贿为盗，盗器为奸。主藏之名，赖奸之用，为大凶德,有常无赦,在九刑不忘"。昭六年叔向诏子产书,亦曰:"周有乱政而作九刑"。则九刑确为周时物。得毋即此《刑书》九篇邪?《周礼·司刑》疏引郑《书》注,以五刑加流、宥、鞭扑、赎为九刑。

《本典》第五十七　　此篇记成王问,周公对,盖与上篇相承。

《官人》第五十八　　此篇记周公告成王以观人之术。文极平顺。

《王会》第五十九　　此篇记八方会同之事。列举四夷之名甚多,考古之瑰宝也。

《祭公》第六十　　此篇记祭公谋父诲穆王之语,文体亦极似《尚书》。

《史记》第六十一　　此篇记穆王命戎夫主史,朔望以闻,借以自镜。说如可信,则史官记注之事,由来已久;而人君之知读记注,亦由来已久矣。篇中历举古之亡国,多他书所不详,亦考古之资也。

《职方》第六十二　　同《周官·职方》。

《芮良夫》第六十三　　此篇记厉王失道,芮伯陈谏之辞。

《太子晋》第六十四　　此篇记晋平公使叔誉于周。太子晋时年十五,叔誉与之言,五称而叔誉五穷。叔誉惧,归告平公,反周侵邑。师旷不可。请使,与子晋言,知其不寿,其后果验。颇类小说家言。

《王佩》第六十五　　此篇言王者所佩在德,故以为名。皆告戒人君之语。

《殷祝》第六十六　　此篇记汤胜桀践天子位事。与周全无涉,与下篇亦绝不类。《御览》八十三引《书大传》略同。盖原书已亡,妄人意此书为《尚书》之类,遂取《大传》之涉殷事者补之也。

《周祝》第六十七　此篇盖亦陈戒之语。以哲学作成格言,极为隽永。

《武纪》第六十八　此篇亦兵家言。

《铨法》第六十九　此篇言用人之道。

《器服》第七十　此篇言明器,可考丧礼。

仪礼　礼记　大戴礼记　周礼

《周礼》、《仪礼》、《礼记》，今日合称《三礼》。案高堂生所传之《礼》，本止十七篇；即今《仪礼》，是为《礼经》。《周礼》本称《周官》，与孔门之《礼》无涉。《礼记》亦得比于传耳。然今竟以此三书并列；而《周礼》一书，且几驾《仪礼》而上之；其故何耶？

案《汉书·艺文志》谓"礼自孔子时而不具。汉兴，鲁高堂生传《士礼》十七篇。讫孝宣世，后仓最明。戴德、戴圣、庆普，皆其弟子。三家立于学官。《礼古经》者，出于淹中。及孔氏学七十篇当作十七篇。文相似。多三十九篇，及《明堂》、《阴阳》、《王史氏》之记。所见多天子、诸侯、卿大夫之制。虽不能备，犹愈仓等推士礼而致于天子之说"。刘歆讥太常博士，"国家将有大事，若立辟雍，封禅，巡守之仪，则幽冥而莫知其原"。此为古学家求《礼》于十七篇以外之原因，盖讥今学家所传为不备也。主今学者曰：今十七篇中，唯《冠》、《昏》、《丧》、《相见》为士礼，余皆天子、诸侯、卿大夫之制。谓高堂生所传独有士礼，乃古学家訾謷之辞，不足为今学病也。其说良是。然谓十七篇即已备一切之礼，则固有所不能。《逸礼》三十九篇，群书时见征引，注疏中即甚多。信今学者悉指为刘歆伪造，似亦未足服人。然谓高堂生所传十七篇，真乃残缺不完之物，则又似不然也。此其说又何如耶？

予谓孔门所传之《礼经》为一物；当时社会固有之《礼书》，又为一物。孔门传经，原不能尽天下之礼；亦不必尽天下之礼。以所传之经，不能尽天下之礼，而诋博士，其说固非；然必谓博士所传以外，悉为伪物，则亦未是也。邵懿辰云：《周官·大宗伯》，举吉、凶、宾、军、嘉五礼，其目三十有六。后人以此为《周礼》之全。实仅据王朝施于邦国者言之，诸侯、卿大夫所守，不及悉具，亦揭其大纲而已。古无以吉、凶、宾、军、嘉为五礼者，乃作《周官》者特创此目，以括王朝之礼；而非所语于天下之达礼也。天下之达礼，时曰丧、祭、射、乡、冠、昏、朝、聘，与《大戴礼经》篇次悉合。见后。《礼运》亦两言之，特乡皆误为御耳。后世所谓《礼书》者，皆王朝邦国之礼，而民间所用无多。即有之，亦不尽用。官司所掌，民有老死不知不见者，非可举以教人也。孔子所以独取此十七篇者，以此八者为天下之达礼也。邵说见《礼经通论》，此系约举其意。案此说最通。礼原于俗，不求变俗，随时而异，随地而殊；欲举天下所行之礼，概行制定，非唯势有不能，抑亦事可不必。故治礼所贵，全在能明其义。能明其义，则"礼之所无，可以义起"，原不必尽备其篇章。汉博士于经所无有者，悉本诸义以为推，事并不误。古学家之訾之，乃曲说也。推斯义也，必谓十七篇之外，悉皆伪物，其误亦不辨自明矣。然此不足为今学家病，何也？今学家于十七篇以外之礼，固亦未尝不参考也。

何以言之？案今之《礼记》，究为何种书籍，习熟焉则不察，细思即极可疑。孔子删定之籍，称之曰经；后学释经之书，谓之为传；此乃儒家通称。犹佛家以佛所说为经，菩萨所说为论也。其自著书而不关于经者，则可入诸儒家诸子。从未闻有称为记者。故廖平、康有为皆谓今之《礼记》，实集诸经之传及儒家诸子而成，其说是矣。然今《礼记》之前，确已有所谓《记》，丧服之《记》，子夏为之作传，则必在子夏以前。今《礼记》中屡称"《记》曰"，《疏》皆以为《旧记》。《公羊》僖二年传亦引"《记》曰：唇亡则齿寒。"则《记》盖社会故有之书，既非孔子所修之经，亦非弟子释经之传也。此项古籍，在孔门传经，固非必备，故司马迁谓《五帝德》、《帝系姓》，儒者或不传。而亦足为参考之资。何者？孔子作经，贵在明义。至于事例，则固有所不能该。此项未尽之事，或本诸义理，以为推致，或酌采旧礼，以资补苴，均无不可。由前之说，则即后仓等推士礼而至于天子之法，亦即所谓"礼之所无，可以义起"；由后之说，则《仪礼正义》所谓"凡记皆补经所不备"是也。诸经皆所重在义，义得则事可忘，《礼经》固亦如此；然礼须见诸施行，苟有旧礼以供采取参证，事亦甚便。此礼家先师所以视《记》独重也。然则所谓《礼记》者，其初盖礼家哀集经传以外之书之称，其后则凡诸经之传，及儒家诸子，为礼家所采者，亦遂概以附之，而举蒙记之名矣。然则经传以外之书，博士固未尝不搜采；刘歆讥其"因陋就寡"，实乃厚诬君子之辞矣。今《礼记》中之《奔丧》、《投壶》，郑皆谓与《逸礼》同，则《逸礼》一类之书，二戴固非不见也。

至于《周礼》则本为言国家政制之书。虽亦被礼之名，而实与《仪礼》之所谓礼者有别。故至后世，二者即判然异名。《周礼》一类之书，改名曰"典"，《仪礼》一类之书，仍称为"礼"。如《唐六典》及《开元礼》是也。《周礼》究为何人所作，说者最为纷纭。汉时今学家皆不之信，故武帝谓其"渎乱不验"，何休以为六国阴谋之书。唯刘歆信为周公致太平之迹。东汉时，贾逵、马融、郑兴、兴子众皆治之。而郑玄崇信尤笃。汉末郑学大行，此经遂跻《礼经》之上。后人议论，大抵不出三派：（一）称其制度之详密，谓非周公不能为。（二）訾其过于烦碎，不能实行，谓非周公之书。（三）又有谓周公定之而未尝行；或谓立法必求详尽，行之自可分先后；《周官》特有此制，不必一时尽行；以为调停者。今案此书事迹，与群经所述，多相龃龉，自非孔门所传。其制度看似精详，实则不免矛盾。如康有为谓实行《周官》之制，则终岁从事于祭，且犹不给是也。见所著《官制议》。故汉武谓其"渎乱不验"，何休指为六国阴谋，说实极确。"渎乱"即杂凑之谓，正指其矛盾之处；"不验"则谓所言与群经不合也。古书中独《管子》所述制度，与《周官》最相类。《管子》实合道、法、纵横诸家之言，固所谓阴谋之书矣。故此书与儒家《礼经》，实属了无干涉。亦必非成周旧典，盖系战国时人杂采前此典制成之。日本织田万曰："各国法律，最初皆唯有刑法，其后乃逐渐分析。行政法典，成立尤晚。唯中国则早有之，《周礼》是也。《周礼》固未必周公所制，然亦必有此理想者所成，则中国当战国时，已有编纂行政法典之思想矣。"见所著《清国行政法》。此书虽属渎乱，亦必皆以旧制为据。刘歆窜造之说，大昌于康有为，而实始于方苞。苞著《周官辨》十篇，始举《汉书·王莽传》事迹为证，指为刘歆造以媚莽，说诚不为无见。然窜乱则有之；全然伪撰，固理所必无；则固足以考见古制矣。此书虽属虚拟之作，然孔子删定六经，垂一王之法，亦未尝身见诸施行。当二千余年前，而有如《周官》之书，其条贯固不可谓不详，规模亦不可谓不大。此书之可贵，正在于此。初不必托诸周公旧典，亦不必附合孔门《礼经》。所谓合之两伤，离之双美矣。必如郑玄指《周官》为经礼，《礼经》为曲礼；见《礼器》"经礼三百，威仪三千"注。一为周公旧典，足该括夫显庸创制之全；一则孔子纂修，特掇拾于煨烬丛残之后；则合所不必合，而其说亦必不可通矣。

《仪礼》篇次，大、小戴及刘向《别录》，各有不同。今本之次，系从《别录》，然实当以《大戴》为是。依《大戴》之次，则一至三为冠昏，四至九为丧祭，十至十三为射乡，十四至十六为朝聘；十七丧服，通乎上下；且此篇实传，故附于末也。

篇名	《大戴》	《小戴》	《别录》
《士冠礼》	一	一	一
《士昏礼》	二	二	二
《士相见礼》	三	三	三
《乡饮酒礼》	十	四	四
《乡射礼》	十一	五	五
《燕礼》	十二	十六	十六
《大射仪》	十三	七	七
《聘礼》	十四	十五	八
《公食大夫礼》	十五	十六	九
《觐礼》	十六	十七	十
《丧服经传》	十七	九	十一
《士丧礼》	四	八	十二
《既夕礼》	五	十四	十三
《士虞礼》	六	十五	十四
《特牲馈食礼》	七	十三	十五
《少牢馈食礼》	八	十一	十六
《有司彻》	九	十二	十七

礼之节文，不可行于后世，而其原理则今古皆同。后世言礼之说，所以迂阔难行；必欲行之，即不免徒滋纷扰者，即以拘泥节文故。故今日治礼，当以言义理者为正宗，而其言节文者，则转视为注脚；为欲明其义，乃考其事耳。然以经作史读，则又不然。礼原于俗，故读古礼，最可考见当时社会情形。《礼经》十七篇，皆天下之达礼，尤为可贵。如冠、昏、丧、祭之礼，可考亲族关系、宗教信仰；射、乡、朝、聘之礼，可考政治制度、外交情形是也。而宫室、舟车、衣服、饮食等，尤为切于民生日用之事。后世史家，记载亦罕，在古代则以与《礼经》相关故，钩考者众，事转易明。说本陈澧，见《东塾读书记》。尤治史学者所宜究心矣。

至治《周礼》之法，则又与治《礼经》异。此书之所以可贵，乃以其为政典故，前已言之。故治之者亦宜从此留意。《周官》六官，前五官皆体制相同；唯冬官阙，以《考工记》补之。案古代工业，大抵在官，除极简易，及俗之所习，人人能自制者。制度与后世迥异。今可考见其情形者，以此书为最详，亦可宝也。《周礼》有冬官补亡一派。其说始于宋俞庭椿《周礼复古编》。谓五官所属，在六十以外者皆羡，乃割袭之以补冬官。其说无据，不足信也。

今《礼记》凡四十九篇。《正义》引《六艺论》曰："戴德传《记》八十五篇，则《大戴礼》是也；戴圣传《记》四十九篇，此《礼记》是也。"《经典释文叙录》引刘向《别录》："《古文记》二百四篇。"又引陈邵《周礼论序》："戴德删《古礼》二百四篇为八十五篇，谓之《大戴礼》；戴圣删《大戴礼》为四十九，是为《小戴礼》。后汉马融、卢植考诸家同异，附戴圣篇章，去其繁重，及所叙略，而行于世，即今《礼记》是也。"《隋志》则谓："戴圣删《大戴》为四十六，马融足《月令》、《明堂位》、《乐记》为四十九。"今案《汉志》：礼家，《记》百三十一篇。班氏自注，"七十子后学者所记也"。案其中实有旧记，此说未尽合，见前。此为今学。又《明堂阴阳》三十三篇，《王史氏》二十一篇。此即所谓"《礼古经》出淹中，多三十九篇，及《明堂阴阳》、《王史氏》记"者。见前。更加《古封禅群祀》二十二篇，凡二百七。如《隋志》说，《月令》、《明堂位》、《乐记》三篇，为马融、卢植后加，则正二百四也。此外礼家之书：《曲台后仓》，乃汉师所撰。《中庸说》、《明堂阴阳说》皆说。《周官经》、《周官传》别为一书，与礼无涉。《军礼司马法》，为班氏所入。《封禅议对》、《汉封禅群祀》、《议奏》皆汉时物。故唯《古封禅群祀》可以相加也。然此二百四篇中，百三十一篇实为今学，不得概云古文记。然《乐记·正义》又引刘向《别录》，谓《礼记》四十九篇。《后汉书·桥玄传》："七世祖仁，著《礼记章句》四十九篇。"仁即班氏《儒林传》所谓小戴授梁人桥仁季卿者。《曹褒传》："父充，治《庆氏礼》。褒又传《礼记》四十九篇。庆氏学遂行于世。"则《礼记》四十九篇，实小戴、庆氏之所共，抑又何耶？案陈邵言：马融、卢植去其繁重，而不更言其篇数，明有所增亦有所去，而篇数则仍相同。今《礼记》中，《曲礼》、《檀弓》、《杂记》，皆分上下，实四十六篇。四十六加八十五，正百三十一。然则此百三十一篇者，固博士相传之今学，无所谓删《古记》二百四篇而为之也。或谓今之《大戴记》、《哀公问》、《投壶》皆全同《小戴》。苟去此二篇，篇数即不足八十五，安得谓《小戴》删取《大戴》乎？不知今之《大戴记》无传授可考，前人即不之信。《义疏》中即屡言之。虽为古书。必非《大戴》之旧。然语其篇数，则出自旧传，固不容疑也。

《礼记》为七十子后学之书，又多存礼家旧籍。读之，既可知孔门之经义，又可考古代之典章，实为可贵。然其书编次错杂，初学读之，未免茫无头绪。今更逐篇略说其大要。

《曲礼》上第一、下第二　此篇乃杂记各种礼制，明其委曲者，古称《曲礼》。凡礼之节文，多委曲繁重。然社会情形，由此可以备睹。欲考古代风俗者，此实其好材料也。

《檀弓》上第三、下第四　此篇虽杂记诸礼，实以丧礼为多。檀弓，疏云六国时人。以仲梁子是六国时人，此篇有仲梁子故。然"檀弓"二字，特取于首节以名篇，非谓此篇即檀弓所记。或谓檀弓即仲弓，亦无确证也。

《王制》第五　此篇郑氏以其用"正"决狱，合于汉制；又有"古者以周尺"、"今以周尺"之言，谓其出于秦汉之际。卢植谓汉文令博士诸生所作。案《史记·封禅书》："文帝使博士诸生刺取六经作《王制》。"今此篇中固多存诸经之传，如说制爵禄为《春秋》传，巡守为《书》传。卢说是也。孔子作六经，损益前代之法，以成一王之制，本不专取一代。故经传所说制度，与《周官》等书述一代之制者，不能尽符。必知孔子所定之制，与历代旧制，判然二物，乃可以读诸经。若如《郑注》，凡度制与《周官》不合者，即强指为夏、殷，以资调停。则愈善附会而愈不可通矣。细看此篇注疏便知郑氏牵合今古文之误。此自治学之法当然。非有门户之见也。

《月令》第六　此篇与《吕览·十二纪》、《淮南·时则训》大同。《逸周书》亦有《时训》、《月令》二篇。今其《月令》篇亡，而《时训》所载节候，与此篇不异。盖此实合彼之两篇为一篇也。蔡邕、王肃以此篇为周公作，盖即以其出于《周书》。郑玄则以其令多不合周法；而太尉之名，九月授朔之制，实与秦合，指为出于《吕览》。然秦以十月为岁首，已在吕不韦之后，则郑说亦未可凭。要之古代自有此等政制，各家同祖述之，而又颇以时制改易其文耳。

《曾子问》第七　此篇皆问丧礼丧服，多可补经所不备。

《文王世子》第八　此篇凡分五节。见《疏》。可考古代学制、刑法、世子事父之礼，王族与异姓之殊。此篇多古文说。

《礼运》第九、《礼器》第十　此两篇颇错杂，然中存古制及孔门大义甚多。如《礼运》首节，述大同之治，实孔门最高理想。"夫礼之初"一节，可考古代饮食居处进化情形。下文所论治制，亦多非春秋、战国时所有，盖皆古制也。《礼器》云："因名山以升中于天，因吉土以享帝于郊。"昊天上帝与五方帝之别，明见于经者，唯此一处而已。论礼意处，尤为纯美。

《郊特牲》第十一　此篇在《礼记》中最为错杂。大体论祭祀，而冠昏之义，皆错出其中。

《内则》第十二　此篇皆家庭琐事，而篇首云"后王命冢宰，降德于众兆民"，令宰相以王命行之，可见古代之政教不分。所记各节，尤可见古代卿大夫之家生活之情况也。

《玉藻》第十三　此篇多记服饰。一篇之中，前后倒错极多，可见《礼记》编次之杂。因其编次之杂，即可见其传授之久也。

《明堂位》第十四　此篇记周公摄王位，以明堂之礼朝诸侯，与《周书·明堂》篇略同。篇中盛夸鲁得用王礼。又曰"君臣未尝相弑也，礼乐刑法政俗，未尝相变也"，郑玄已讥其诬。此篇盖鲁人所传也。

《丧服小记》第十五、《大传》第十六　此两篇为记古代宗法最有条理之作。盖图说丧服而及之。

《少仪》第十七　郑云："以记相见及荐羞之小威仪，故名。"少、小二字，古通也。

《学记》第十八　此篇皆论教育之法，涉学制者甚少。篇首即云："君子如欲化民成俗，其必由学乎。"又曰："古之王者，建国君民，教学为先。"下文又云："能为师，然后能为长，能为长，然后能为君，故师也者，所以学为君也。"此篇盖皆为人君说法。然其论教育之理则极精。

《乐记》第十九　此篇凡包含十一篇。见《疏》。论乐之义极精。《荀子》、《吕览》诸书论乐者，多与之复，盖相传旧籍也。

《杂记》上第二十、下第二十一　此篇杂记诸侯以下至士之丧事。

《丧大记》第二十二　此篇记人君以下，始死、小敛、大敛及殡葬之礼。

《祭法》第二十三　此篇记虞、夏、商、周四代之祀典，极有条理。

《祭义》第二十四、《祭统》第二十五　此两篇皆论祭祀。《祭义》中孔子与宰我论鬼神一段，可考古代之哲学。此外曾子论孝之语，及推论尚齿之义，皆可见古代伦理，以家族为之本。故修身，齐家，治国，平天下，义可一贯也。

《经解》第二十六　此篇论《诗》、《书》、《乐》、《易》、《礼》、《春秋》之治，各有得失。六艺称经，此为最早矣。下文论礼之语，颇同《荀子》。

《哀公问》第二十七、《仲尼燕居》第二十八、《孔子闲居》第二十九　此三篇文体相类，盖一家之书也。《哀公问》篇前问政，后问礼。《仲尼燕居》篇记孔子为子张、子贡、子游说礼乐。《孔子闲居》

篇则为子夏说《诗》。皆反复推论,词旨极为详尽。

《坊记》第三十　此篇论礼以坊民,列举多事为证。

《中庸》第三十一　此篇为孔门最高哲学。读篇首云"天命之谓性,率性之谓道,修道之为教"三语可见。唯中间论舜及文、武、周公一节,暨"凡为天下国家有九经"一节,太涉粗迹,疑亦他篇简错也。

《表记》第三十二　郑云:"此篇论君子之德,见于仪表者,故名。"

《缁衣》第三十三　以上四篇,文体相类。《释文》引刘瓛云:"《缁衣》为公孙尼子作。"《隋书·音乐志》谓《中庸》、《表记》、《坊记》、《缁衣》,皆取《子思子》,《乐记》取《公孙尼子》。今案《初学记》引《公孙尼子》:"乐者,审一以定和,比物以饰节。"《意林》引《公孙尼子》:"乐者,先王之所以饰喜也。"皆见今《学记》;《意林》引《子思子》十余条,一见于《表记》,再见于《缁衣》;则《隋志》之言信矣。

《奔丧》第三十四　此篇记居于他国,闻丧奔归之礼。郑云:此篇与《投壶》皆为逸礼,见疏。

《问丧》第三十五、《服问》第三十六、《间传》第三十七、《三年问》第三十八　此四篇皆释丧礼之义,及丧服轻重所由,实亦《仪礼》之传也。

《深衣》第三十九　此篇记深衣之制。深衣为古者天子达于庶人之服,若能深明其制,则其余服制,皆易明矣。

《投壶》第四十　此篇记投壶之礼,为古人一种游戏。

《儒行》第四十一　此篇记孔子对哀公,列举儒者之行。与《墨子·非儒》、《荀子·非十二子》等篇对看,可见当时所谓儒者之情形。

《大学》第四十二　此篇论学以治国之理。与《学记》篇合看，可见古代学与政相关。

《冠义》第四十三、《昏义》第四十四、《乡饮酒义》第四十五、《射义》第四十六、《燕义》第四十七、《聘义》第四十八　此六篇皆《仪礼》之传。但读《礼经》诸篇，殊觉其干燥无味。一读其传，则觉妙绪环生。此吾所以云今日治礼，当以言义理者为主，言节文者为注脚也。

《丧服四制》第四十九　此篇亦《丧服》之传也。

今之《大戴记》，虽未必为戴德之旧，然其中有若干篇，则确为大戴所有。如许慎《五经异义》引《盛德记》，已谓为今《戴礼》说是也。此书《隋志》作十三卷。司马贞言亡四十七篇，存者三十八篇。今存者实三十九篇。盖由《夏小正》一篇，尝摘出别行之故。《中兴书目》、《郡斋读书志》谓存者四十篇，则因其时《盛德记》已析为两故也。此书《盛德》篇中论明堂之处，古书征引，皆称为《盛德》篇，不知何时析出，别标"明堂"之名。宋时诸本篇题，遂或重七十二，或重七十三，或重七十四，四库校本仍合之，篇题亦皆校正，具见《四库书目提要》。

此书《哀公问》、《投壶》两篇，篇名及记文，皆同《小戴》，已见前。此外尚有同《小戴》及诸书处，具见下。盖戴德旧本阙佚，后人取诸书足成之也。《汉志》所载《曾子》十八篇、《孔子三朝记》七篇，今多存此书中。不知为《大戴》之旧，抑后人所为。记本纂次古籍，以备参稽，患其阙不患其杂。此书虽非《大戴》原本，然所采皆古籍，其功用亦与《礼记》无殊。史绳祖《学斋呫哔》谓宋时尝以此书与《小戴》并列，称十四经，诚无愧色，非如以《周书》与《尚书》并列之拟于不伦也。旧注存者十四篇。王应麟《困学纪闻》谓出卢辩,事见《周书》,说盖可信。

《王言》第三十九　此书今自三十八篇以上皆亡。此篇记孔子闲居,曾子侍,孔子告以王天下之道,亦颇涉治制。此篇与《家语》大同小异。

《哀公问五仪》第四十　此篇记孔子告哀公人有五等,与《荀子》、《家语》略同。

《哀公问于孔子》第四十一　此篇同《小戴·哀公问》。《家语》亦袭之,而分《大昏》、《问礼》两篇。

《礼三本》第四十二　此篇略同《荀子·礼论》。

四十三至四十五阙。

《礼察》第四十六　此篇同《小戴·经解》及贾谊《新书》。

《夏小正》第四十七　此篇与《周书·周月》篇大同。《小戴记·礼运》:"孔子曰:吾得夏时焉。"郑注:谓夏时存者有《夏小正》。则此篇确为古书也。《北史》:魏孝武释奠太学。诏中书舍人卢景宣讲《大戴礼·夏小正》,则南北朝时,此篇确在本书中。《隋志》:《夏小正》一卷,戴德撰,则隋时有别行本矣。

《保傅》第四十八　此篇与《汉书·贾谊传》疏同。《新书》分为《傅职》、《保傅》、《容经》、《胎教》四篇。案此本古制,谊盖祖述之也。

《曾子立事》第四十九,《曾子本孝》第五十,《曾子立孝》第五十一,《曾子大孝》第五十二,《曾子事父母》第五十三,《曾子制言》上第五十四、中第五十五、下第五十六,《曾子疾病》第五十七,《曾子天圆》第五十八　《汉书·艺文志》有《曾子》十八篇。朱子曰:世称

《曾子书》，取《大戴》十篇充之。晁公武《郡斋读书志》、陈振孙《书录解题》，皆云《曾子》二卷十篇，具《大戴》。盖《汉志》原书之亡久矣。《立事》、《制言》、《疾病》三篇，皆恐惧修省之意，与他书载曾子之言，意旨相合。《大孝》篇同《小戴·祭义》。《立孝》、《事父母》意亦相同。《天圆》篇："单居离问于曾子曰：天圆而地方者，诚有之乎？曾子曰：如诚天圆而地方，则是四角之不掩也。"近人皆取之，为我国早知地圆之证。然天圆地方，本以理言，犹言天动地静。然天动地静，亦以理言也。非以体言。古代天文家，无不言地圆者，亦不待此篇为证也。下文论万有皆成于阴阳二力，万法皆本于阴阳。颇同《淮南子·天文训》。《事父母》篇："若夫坐如尸，立如齐；弗讯不言，言必齐色；此成人之善者也，未得为人子之道也。"或谓《小戴·曲礼》上篇"若夫坐如尸，立如齐"，实与此篇文同，而下文脱去。郑注读夫如字，乃即就脱文释之也。

《武王践阼》第五十九　此篇记师尚父以《丹书》诏武王，武王于各器物皆为铭，以自儆。前半亦见《六韬》。

《卫将军文子》第六十　此篇记卫将军文子问子贡以孔子弟子孰贤，子贡历举颜渊、冉雍诸人以对。子贡见孔子，孔子又告以伯夷、叔齐诸贤人之行。略同《家语弟子行》。

《五帝德》第六十二、《帝系》第六十三　前篇略同《史记·五帝本纪》，后篇盖同《世本》。案《五帝本纪》既谓"轩辕之时，神农氏世衰，诸侯相侵伐，弗能征"，又谓"炎帝欲侵陵诸侯"，其词未免矛盾。黄帝与炎帝战于阪泉，蚩尤战于涿鹿。据《索隐》引皇甫谧，《集解》引张晏说，二者又皆在上谷。事尤可疑。今此篇只有与炎帝战于阪泉之文，更无与蚩尤战于涿鹿之说，炎帝姜姓，蚩尤，九黎之君。

《书·吕刑》伪孔传,《释文》引马融说,《战国·秦策》高诱注。苗民亦九黎之君,《小戴记·缁衣》疏引《吕刑》郑注。此苗民为九黎之君之贬称,非谓人民也。三苗亦姜姓,得毋炎帝、蚩尤实一人,阪泉、涿鹿实一役耶？此等处,古书诚只字皆至宝也。

《劝学》第六十四　此篇略同《荀子》。后半又有同《荀子·宥坐》篇处。

《子张问入官》第六十五　论官人之道,略同《家语》。

《盛德》第六十六　此篇前半论政治,后半述明堂之制。略同《家语·五刑》、《执辔》二篇。

《千乘》第六十七　此篇论治国之道,有同《王制》处。此下四篇及《小辨》、《用兵》、《少闲》,《困学纪闻》谓即《孔子三朝记》。

《四代》第六十八、《虞戴德》第六十九、《诰志》第七十　此三篇亦论政治。

《文王官人》第七十一　此篇同《逸周书》。

《诸侯迁庙》第七十二、《诸侯衅庙》第七十三　此两篇亦《逸礼》之类。后篇在《小戴·杂记》中。

《小辨》第七十四　此篇戒"小辨破言,小言破义,小义破道",发明"主忠信"之旨。

《用兵》第七十五　此篇言人生而有喜怒之情,兵之作,与民之有生以俱来。圣人利用而弭乱,乱人妄用以丧身。与《吕览》、《淮南》之说相似,实儒家论兵宗旨所在也。参看论彼二书处。

《少间》第七十六　此篇论分民以职之道,与法家消息相通。

《朝事》第七十七　同《小戴·聘义》,《周官·典命》、《大行人》。

《投壶》第七十八　同《小戴》而少略。

《公冠》第七十九　此篇述诸侯冠礼，后附成王汉昭祝辞。《士冠礼》："公侯之有冠礼，夏之末造也。"可见公冠礼自古有之，特以非达礼故，孔子定《礼经》，不取之耳。然仍在二《戴记》中。解此，可无訾今文家所传之不备，亦不必尽斥古文家之《逸礼》为伪造也。

《本命》第八十、《易本命》第八十一　此两篇为古代哲学，推究万物原本一切以数说之。但其中又有论及男女之义处，又有一段同《丧服四制》，盖古代伦理，亦原本哲学，故连类及之也。

礼之为物，最为繁琐。欲求易明，厥有二法：(一)宜先通其例。通其例，则有一条例为凭。可以互相钩考，不至茫无把握矣。看凌廷堪《礼经释例》最好。(二)宜明其器物之制。江永《仪礼释宫注》、任大椿《深衣释例》二书最要。器物必参看实物，动作必目验实事，乃更易明。古物不可得，则宜看图。张皋文《仪礼图》最便。动作可以身演，阮元发其议，陈澧尝行之，见《东塾读书记》。可法也。若喜考究治政制度者，则《周礼》重于《仪礼》。其中荦荦大端，如沈彤之《周官禄田考》、王鸣盛之《周礼军赋说》等，皆可参阅。《考工记》关涉制造，戴震有《考工记图》，阮元又有《车制图考》。《考工记》于各种工业最重车。

三礼旧《疏》皆好。清儒新疏，《仪礼》有胡培翚之《正义》，《周礼》有孙诒让之《正义》，唯《礼记》无之。然古书皆编次错杂，任举一事，皆散见各处，钩稽非易，通贯自难。实当以类相从，另行编次。朱子之《仪礼经传通解》，即准此例而作。江永之《礼书纲目》，沿用其例；而后起更精，多足订正《通解》之失，不可不一阅也。若宋陈祥道之《礼书》，则该贯古今，更为浩博。清秦蕙田《五礼通考》，盖沿其流。卷帙太繁，非专门治礼者，但资翻检足矣。

《礼记》之注，以宋卫湜《礼记集说》搜采为最多。宋以前诸儒之说《礼记》者，今日犹可考见，皆赖此书之存也。清杭世骏《续礼记集说》，搜采逮于清初，亦称浩博。然卷帙太巨，且中多空论，未免泛滥无归。初学欲求简明，读清朱彬《礼记训纂》却好。此书参考博，而颇能反之于约也。《大戴记》久讹舛。清卢文弨、戴震始厘正其文字。其后汪照有《大戴礼注补》，孔广森有《大戴礼记补注》，王聘珍有《大戴礼记解诂》。

易

言《易》之书，不外理、数两派。汉之今文家言理者也。今文别派京氏，及东汉传古文诸家，言数者也。晋王弼之学，亦出汉古文家，然舍数而言理，宋邵雍、刘牧之徒，则又舍理而求诸数。唯程颐言理不言数。古今《易》学之大别，如此而已。

汉今文《易》立于学官者四家，施、孟、梁丘及京氏是也。《汉书·儒林传》谓"要言《易》者，本之田何"。据《传》所载：田何传王同、周王孙、丁宽、齐服生，王同传杨何。即司马谈所从受《易》者，见《太史公自序》。丁宽传田王孙，田王孙传施雠、孟喜、梁丘贺。授受分明，本无异派也。然《传》又云："丁宽至洛阳，复从周王孙受古谊。"周王孙与宽，同学于田何，安所别得古谊，而宽从受之，已不免矛盾矣。《贺传》又云："从京房受《易》。房者，杨何弟子也。房出为齐郡太守，贺更事田王孙。"《房传》云："受《易》梁人焦延寿。焦延寿云：尝从孟喜问《易》。房以为延寿《易》即孟氏学。翟牧白生孟喜授《易》者。不肯，皆曰：非也。"则纠纷弥甚。案《喜传》："得《易》家候阴阳灾变书，诈言师田生且死时，枕喜膝独传喜。同门梁丘贺疏通证明之，曰：田生绝于施雠手中，时喜归东海，安得此事。博士缺，众人共荐喜，上闻喜改师法，遂不用喜。"则喜盖首为异说，以变乱师法者。然《京房传》言："成帝时刘向校书，考《易》说，以为诸家皆祖田何。杨叔、丁将军，大谊略同；唯京氏为异党。延寿独得隐士之说，托之孟氏，不相与同。"则又似孟氏之学，本无异说，而为京房所依托者。今案京氏《易》学，专言灾异，实出于中叶以后；丁宽当景帝时，安得有此。刘向谓为伪托，说盖可信。梁丘贺初学于京氏，丁宽更问于田王孙，盖亦造作之词也。汉古文《易》传于后者为费氏，《传》云："《费氏易》无章句，徒以《彖》、《象》、《系辞》十篇、《文言》解说上、下经。"则其学亦应举大谊，不杂术数。然郑玄、荀爽皆传费氏《易》者，其学顾多言象数，实与京氏为同党。何哉？盖古文《易》又有高氏。高氏亦无章句，而传言其专言阴阳灾异，正与京氏同。盖汉初《易》家，皆仅举大谊，不但今文如此，即初出之费氏《古文》，亦尚如此。其后术数之学寖盛，乃一切附会经义。不徒今文之京氏然，即古文之高氏亦然矣。东汉传费氏《易》者，盖特用其古文之经。《汉志》云：刘向以中古文《易经》校施、孟、梁丘经，或脱去"无咎"、"悔亡"，唯费氏经与古文同。当时盖有费氏经优于施、孟、梁丘经之说。至其说，则久非费氏之旧。此所以王弼亦治费氏《易》，而其说顾与郑、荀诸家判然不同也。孟《易》嫡传，厥唯虞氏。然《三国志·虞翻传注》载翻奏，谓"前人通讲，多玩章句，虽有秘说，于经疏阔"。此实虞氏叛孟氏之明证。今所传孟氏易说，盖亦非孟氏之旧矣。

东汉《易》学，至王弼而一变。弼学亦出费氏。然与郑、荀等大异。能举汉人象数之说，一扫而空之。盖还费氏以《彖》、《象》、《系辞》说经之旧。不可谓无廓清摧陷之功也。自是以后，郑、王之学并行，大抵河北主郑，江南行王。至唐修《五经正义》用王氏，而郑《易》亦亡。唐李鼎祚作《周易集解》，独不宗王，而取汉人象数之说。所搜辑者三十余家。后人得以考见汉《易》者，独赖此书之存而已。

至于宋代，则异说又兴，宋儒言《易》，附会《图》、《书》。其学实出陈抟，而又分二派：（一）为刘牧之《易数钩隐》，以九为《河图》，十为《洛书》。（一）为邵雍，说正相反，后邵说盛行，而刘说则宗之者颇希。程颐独指邵说为《易》外别传。所著《易传》，专于言理。朱子学出于颐。所作《易本义》，亦不涉图学。而卷首顾附以九图。王懋竑谓考诸《文集》、《语类》，多相牴牾，疑为后人依附。然自此图附于《本义》后，《图》、《书》之学又因之盛行者数百年。至于明末，疑之者乃渐多。至清胡渭作《易图明辨》，而《图》、《书》为道家之物，说乃大明。疑《图》、《书》者始于元陈应润。应润著《爻变义蕴》，始指先天诸《图》为道家修炼之术。明清之际，黄宗羲著《易学象数论》，宗羲弟宗炎著《图书辨惑》，毛奇龄亦著《图书原舛编》，而要以胡氏书为最详核。以此书与惠栋之《明堂大道录》并读，颇可考见古今术数之学之大略也。自此以后，汉《易》大兴，舍宋人之象数，而言汉人之象数矣。

　　从来治《易》之家，言理者则诋言数者为诬罔，言数者则诋言理者为落空。平心论之，皆非也。汉儒《易》说，其初盖实止传大义；阴阳灾异之说，不论今古文，皆为后起；已述如前。宋人之图，实出道家；在儒家并无授受。经清儒考证，亦已明白。然谓汉初本无象数之说，《图》《书》亦无授受之征，则可；谓其说皆与《易》不合，则不可。西谚云："算帐只怕数目字。"汉宋象数之说，果皆与《易》无关，何以能推之而皆合乎？参看《论〈淮南子〉》。盖古代哲学，导源宗教，与数、术本属一家。其后孔门言《易》，庸或止取大义。然为三代卜筮之书之《易》，则固未尝不通于数术。吾侪今日，原不必执言但考孔门之《易》，而不考三代卜筮之旧《易》；且亦不能断言孔门之《易》，决不杂象数之谈；即谓孔门之《易》不杂象数，而数显易征，理藏难见；今者《易》义既隐，亦或因数而易明也。然则象数之说，在《易》学虽非正传，固亦足资参证矣。唯此为专门之学，非深研古代哲学者，可以不必深究。

《易》为谁作，及其分篇若何，颇有异说。《汉志》："《易经》十二篇，施、孟、梁丘三家。"师古曰："上、下经及《十翼》，故十二篇。"十翼者：《易正义》云"上、下《象》，上、下《象》，上、下《系》，《文言》，《说卦》，《序卦》，《杂卦》"是也。然《法言·问神》谓"《易》损其一"；《论衡·正说》，谓孝宣时河内女子得《逸易》一篇；《隋志》亦述其事，而又云得三篇。案今《系辞》中，屡有"系辞"字，皆指卦辞、爻辞言之。《太史公自序》引今《系辞》之文，谓之《易大传》，据《释文》，王肃本《系辞》实有传字。今《系辞》中多有"子曰"字，明系后学所为，王肃本是也。《说卦》、《序卦》、《杂卦》盖亦非汉初所有，故《隋志》以为三篇后得。然则今本以卦、爻辞及《象》、《象》合为上下二篇，盖实汉师相传旧本。《汉志》谓施、孟、梁丘经即十二篇，其说盖误。《志》载各家《易传》皆二篇，唯丁氏八篇，亦与十二篇不合。施、孟、梁丘《章句》，亦皆二篇，亦其一证也。然自东汉以后，皆以分十二篇者为古本。《三国志·高贵乡公纪》博士淳于俊谓郑氏合《象》、《象》于经。宋吕祖谦如其说，重定之。朱子作《本义》，即用其本。明时修《五经大全》，以《本义》析入程《传》。后士子厌程《传》之繁，就其本刊去程《传》，遂失《本义》原次。清修《周易折中》，用宋咸淳吴革刻本，仍分为十二篇焉。

伏羲"画卦"，见于《系辞》，故无异说。至"重卦"则说者纷纷。王弼以为伏羲自重，郑玄以为神农，孙盛以为夏禹，史迁以为文王；卦辞、爻辞：郑学之徒，以为文王作；马融、陆绩之徒，以卦辞为文王，爻辞为周公作。至《十翼》则并以为孔子作，无异论。并见《正义八论》。今案《系辞》为传，《说卦》等三篇后得，已见前。既云后得，则必不出孔子。《史记·孔子世家》云："孔子晚而喜《易》，序《彖》、《系》、《象》、《说卦》、《文言》。"序之云者，次序之谓。犹上文所谓"序《书传》"。初不以为自作。《汉志》乃云：孔氏为之《彖》、《象》、《系辞》、《文言》、《序卦》之属十篇。与以卦辞、爻辞为文王、周公作者，同一无确据而已。要之《易》本卜筮之书，其辞必沿之自古，纵经孔子删定，亦不必出于自为；疑事无质，不必凿言撰造之人可也。《周礼》："大卜三易：一曰《连山》，二曰《归藏》，三曰《周易》。"杜子春以《连山》为伏羲，《归藏》为黄帝。郑玄则谓夏曰《连山》，殷曰《归藏》，周曰《周易》，然郑以卦、爻辞并为文王作，则不以《连山》、《归藏》为有辞也。

　　读《易》之法，可分精、粗二者言之。若求略通《易》义，可但观王《注》、程《传》，以《易》本文与周、秦诸子互相钩考。可用惠氏《易微言》之法。若求深造，则象数之说，亦不可不通，说已见前。唯仍须与哲学之义不背，不可堕入魔障耳。清儒治汉《易》者，以元和惠氏为开山，武进张氏为后劲。江都焦氏，则为异军苍头。初学读《易》者，即从此三家入手可也。汉儒《易》学，自唐修《五经正义》后久微。惠氏乃以李鼎祚《集解》为主，参以他种古书，一一辑出；其书有《周易述》二十一卷、《易汉学》八卷、《易例》二卷。《九经古义》中，涉《易》者亦不少。《明堂大道录》一书，实亦为《易》而作；《书目答问》入之礼家，非也。惠氏书多未成，《周易述》一种，其弟子江藩有《补》四卷。汉儒《易》学，各有家法。惠氏搜辑虽勤，于此初未能分别，至张氏乃更有进。张氏之书，有《周易虞氏义》九卷、《虞氏消息》二卷、《易礼》二卷、《易事》二卷、《易言》二卷、《易候》一卷，又有《周易郑氏义》二卷、《荀氏九家义》一卷、《易义别录》十四卷；始分别诸家，明其条贯，而于虞氏尤详；亦以《集解》存诸家说，本有详略之不同也。焦氏书曰《周易章句》十二卷、《易通释》十二卷、《易图略》八卷；焦氏不墨守汉人成说，且于汉儒说之误者，能加以驳正；《通释》一书，自求条例于《易》，立说亦极精密，诚精心之作也。予谓三家书中，惠氏之《明堂大道录》，及其《周易述》中所附之《易微言》，及焦氏之《易通释》三种，尤须先读。《明堂大道录》，举凡古代哲学与术数有关之事，悉集为一编，可作古代宗教哲学史读，读一过，则于此学与古代社会究有何等关系，已可了然。《易微言》将《易经》中哲学名词，一一逐条抄出，更附以他种古书，深得属辞比事之法。《易通释》则统合全书，求其条例，皆治学最善之法也。学者循其门径，不第可以读《易》，并可读古代一切哲学书矣。

春　秋

　　《春秋》一书，凡有三《传》。昔以《公羊》、《穀梁》为今文，《左氏》为古文。自崔適《春秋复始》出，乃考定《穀梁》亦为古文。

　　《春秋》之记事，固以《左氏》为详。然论大义，则必须取诸《公羊》。此非偏主今学之言也。孟子曰："其事则齐桓、晋文，其文则史，其义则丘窃取之矣。"若如后儒之言，《春秋》仅以记事，则孟子所谓义者安在哉？太史公曰："《春秋》文成数万，其指数千。"今《春秋》全经，仅万七千字，安得云数万？且若皆作记事之书读，则其文相同者，其义亦相同。读毛奇龄之《春秋属辞比事表》，已尽《春秋》之能事矣。安得数千之指乎？《春秋》盖史记旧名，韩起适鲁，见《易象》与《鲁春秋》，见《左》昭二年。孟子曰："晋之《乘》，楚之《梼杌》，鲁之《春秋》，一也。"而《晋语》司马侯谓羊舌肸习于《春秋》，《楚语》申叔论传太子，曰教以《春秋》。盖《乘》与《梼杌》为列国异名，而《春秋》则此类书之通名也。《墨子》载周《春秋》记杜伯事，宋《春秋》记祆观辜事，燕《春秋》记庄子仪事。亦皆谓之《春秋》。孔子修之，则实借以示义。《鲁春秋》之文，明见《礼记·坊记》。孔子修之，有改其旧文者，如庄七年"星陨如雨"一条是也。有仍而不改者，如昭十二年"纳北燕伯于阳"一条是也。故子女子曰："以《春秋》为《春秋》。"闵元年。《传》曰："定、哀多微辞。主人习其读而问其传，则未知己之有罪焉尔。"定元年。封建之时，文网尚密，私家讲学,尤为不经见之事;况于非议朝政,讥评人物乎。圣人"义不讪上,知不危身",托鲁史之旧文,传微言于后学,盖实有所不得已也,曷足怪哉。

《易》与《春秋》,相为表里。盖孔门治天下之道,其原理在《易》,其办法则在《春秋》也。今试就"元年春王正月"一条,举示其义。案《传》曰:"元年者何?君之始年也。春者何?岁之始也,王者孰谓?谓文王也。曷为先言王而后言正月?王正月也。何言乎王正月?大一统也。公何以不言即位?成公,意也。"何君《解诂》曰:"《春秋》变一为元。元者,气也。无形以起,有形以分;造起天地,天地之始也。故上无所系,而使春系之也。不言公言君者,所以通其义于王者。《春秋》托新王受命于鲁,故因以录即位。明王者当继天奉元,养成万物;春者,天地开辟之端,养生之首,法象所出,四时本名也。文王,周始受命之王。天之所命,故上系天端。方陈受命,制正月,故假以为王法。不言谥者,法其生,不法其死,与后王共之。人道之始也。统者,总系之辞。王者始受命,改制,布政施教于天下,莫不一一系于正月,故云政教之始。即位者,一国之始。政莫大于正始:故《春秋》以元之气,正天之端;以天之端,正王之政;以王之政,正诸侯之即位;以诸侯之即位,正境内之治。诸侯不上奉王之政,则不得即位,故先言正月而后言即位。政不由王出则不得为政,故先言王而后言正月也。王者不承天以制号令则无法,故先言春而后言王。天不深正其元,则不能成其化,故先言元而后言春。五者同日并见,相须成体;乃天人之大本,万物之所系,不可不察也。"案中国古代哲学,最尊崇自然力。此项自然力,道家名之曰"道",儒家谓之曰

"元"。参看《论读子之法》。《春秋》"元年春王正月"之"元",即《易》"大哉乾元,万物资始,乃统天"之"元"。为宇宙自然之理,莫知其然而然,只有随顺,更无反抗。人类一切举措,能悉与之符,斯为今人所谓"合理"。人类一切举措而悉能合理,则更无余事可言,而天下太平矣。然空言一切举措当合理甚易,实指何种举措为合理则难;从现在不合理之世界,蕲至于合理之世界,其间一切举措,一一为之拟定条例,则更难。《春秋》一书,盖即因此而作。故有据乱、升平、太平三世之义。二百四十年之中,儒家盖以为自乱世至太平世之治法,皆已毕具。故曰:"《春秋》曷为终乎哀十四年,曰备矣。"曰:"拨乱世,反之正,莫近于《春秋》。"曰"万物之散聚,皆在《春秋》"也。物、事古通训。《春秋》之为书如此。其所说之义,究竟合与不合,姑措勿论。而欲考见孔子之哲学,必不能无取乎是,则正极平易之理,非怪迂之谈矣。

《公羊》一书,自有古学后,乃抑之与《左》、《穀梁》同列,并称三《传》。其实前此所谓《春秋》者,皆合今之《经》与《公羊传》而言之,崔適《春秋复始》,考证甚详;其实诸经皆然,今之《仪礼》中即有传,《易》之《系辞传》亦与经并列。今之所谓《春秋经》者,乃从《公羊》中摘出者耳。汉儒言《春秋》者,于齐、鲁,自胡毋生,于赵,自董仲舒。今仲舒书存者有《春秋繁露》;何氏《公羊解诂》系依胡毋生条例。今学家之书传于后者,当以此为最完矣。伏生《书传》,阙佚更甚于《繁露》。《韩诗》仅存《外传》。此外今学家经说,更无完全之书。清儒之治今学,其始必自《春秋》入,盖有由也。《繁露》凌曙有注。康有为《春秋董氏学》条理极明,可合看。清儒疏《公羊》者,有孔广森之《通义》,及陈立之《义疏》。陈书校胜于孔,以孔于今古文家法,实未明白也。

董子曰:"《诗》无达诂,《易》无达占,《春秋》无达例。"盖文字古疏今密,著书之体例亦然。孔子作《春秋》,为欲借以示义,原不能无义例。然欲如后人之详密,则必不能。若必一一磨勘,则三《传》之例,皆有可疑;过泥于例,而背自古相传之义,非所宜也。然初学治《春秋》,必先略明其例,乃觉自有把握,不至茫无头绪,特不当过泥耳。欲明《公羊》条例者,宜读刘逢禄《公羊何氏释例》、崔適《春秋复始》两书。

《穀梁》虽亦古学,然其体例,实与《公羊》为近。《公羊》先师有子沈子,《穀梁》亦有之。其大义虽不如《公羊》之精;然今《公羊》之义,实亦阙而不完;凡有经无传者皆是。《穀梁》既有先师之说,亦足以资参证也。范宁《集解自序》于三《传》皆加诋諆。谓"当弃所滞,择善而从。若择善靡从,即并舍以求宗,据理以通经",此自晋人治经新法,已开啖、赵三《传》束阁之先声矣。范《注》屡有驳《传》之处,如隐九年、庄元年、僖八年、十四年、哀二年皆是。杨《疏》亦屡有驳注之处,见僖四年及文二年。僖元年"护莒拏"一事,注既驳传,疏又驳注。杨士勋《疏》称宁别有《略例》百余条,今皆不见。盖已散入疏中?清儒治此经者,柳兴宗《穀梁大义述》、许桂林《穀梁释例》两书最好。

至《左氏》一书,则与《公羊》大异。孔子之修《春秋》,必取其义,说已见前。今《左氏》一书,则释《春秋》之义者甚少。或有经而无传,或有传而无经。庄二十六年之传全不释经。夫传以解经,既不解经,何谓之传?故汉博士谓"左氏不传《春秋》"。杜预谓其"或先经以起事,或后经以终义,或依经以辨理,或错经以合异"。乃曲说也。《汉书·刘歆传》:"初《左氏传》多古字古言,学者传训诂而已。

及歆治《左氏》，引《传》文以解《经》，转相发明，由是章句义理备焉。"此语实最可疑。《传》本释《经》，何待歆引。曰"歆引以解"，则《传》之本不释《经》明矣。故信今学者，以此经为刘歆伪造。谓"太史公《报任安书》：左丘失明，厥有《国语》。云左丘不云左丘明，下文"左丘明无目"，明字乃后人所加。《论语》"左丘明耻之"一章，出古《论》，齐、鲁《论》皆无之，见崔适《论语足徵记》。云《国语》不云《左氏传》，则本有《国语》而无《左氏传》，有左丘而无左丘明。今之《左传》，盖刘歆据《国语》所编；今之《国语》，则刘歆编《左传》之余也"。其说信否难定。要之《左氏》为史，《春秋》为经；《春秋》之义，不存于《左氏》；《左氏》之事，足以考《春秋》；则持平之论矣。《左氏》、《国语》为一家言，人人知之，其书与《晏子春秋》亦极相似。所记之事，既多重复；且《左氏》时有"君子曰"，《晏子春秋》亦有之，盖皆当时史记旧文也。《史记·十二诸侯年表》："孔子西观周室，论史记旧闻，兴于鲁，而次《春秋》。七十子之徒，口受其传说。为有所刺讥褒讳贬损之文辞，不可以书见也。鲁君子左丘明，惧弟子人人异端，各安其意，失其真，故因孔子史记，具论其语。成《左氏春秋》。"说甚游移。具论其语，为论孔子传指，抑论史记旧闻？云成《左氏春秋》，则此书果为左氏一家言？抑孔子所修《春秋》之传乎？《汉志》曰："仲尼思存前圣之业，以鲁周公之国，礼文备物，史官有法，故与左丘明观其史记，据行事，仍人道，因兴以立功，败以成罚，假日月以定历数，借朝聘以正礼乐。有所褒讳贬损，不可书见，口授弟子。弟子退而异言。丘明恐弟子各安其意以失其真，故论本事而作传，明夫子不以空言说经也。"说较明白。然褒讳贬损，果失其真，论其本事何益？今《公羊》固非全不及事，特本为解经，故其述事但取足以说明经意而止耳。然则弟子固非不知本事，安有所谓空言说经者，而有待于左丘明之论乎？故"《左氏》不传《春秋》"，说实至确。唯《公》、《穀》述事，既仅取足以解经，语焉不详。生当今日，而欲知《春秋》之本事，则《左氏》诚胜于二《传》。此则不徒以经作史读者不可不究心；即欲求《春秋》之义者，本事亦不可昧，《左氏》固仍必读之书也。传必释经，儒家通义。故汉儒治此者，郑众、贾逵、服虔、许惠卿等，皆引《公》、《穀》之例以释之。至杜预，乃自立体例,谓"专修丘明之《传》以释《经》。《经》之条贯,必出于《传》;《传》之义例,总归于凡"。于是《左氏》一书,始离《公》、《穀》而独立矣。今学说六经,皆以为孔子之制作,古学家乃推诸周公。杜预以"凡五十为周公垂法,史书旧章。仲尼从而明之。其书、不书、先书、故书、不言、不称、书曰之类,乃为孔子变例"。而六经出周公之说,益完密矣。杜预亦古学之功臣也。《释例》一书,已散入《疏》中,仍别有单行之本。此可考见杜氏一家之学耳。不独非《春秋》义,即汉儒治《左氏》者,亦不如此也。欲考杜以前《左氏注》,可看洪亮吉《春秋左传诂》、李贻德《贾服注辑述》两书。《左氏》之专用杜义,亦唐定《正义》后始然。前此主贾、服诸家者,与杜相攻颇甚。刘炫《规过》,尤为有名。今之孔疏,往往袭刘《规过》之词,转以申杜。刘文淇《旧疏考证》将今疏中袭用旧疏者,一一考出,颇足考见孔疏以前之旧疏也。

  《左氏》一书,本只可作史读。故杜氏治此,即于史事极详。《释例》而外,又有《世族谱》、《盟会图》、《长历》,以考年月事迹世系。后儒治此,亦多注重史事,其中最便考索者,当推马骕《左传事纬》,顾栋高《春秋大事表》两书。《事纬》系纪事本末体,读左氏时参检之,可助贯串。《大事表》一书,将全书事迹,分门别类,悉列为表。若网在纲,有条不紊。尤必须一读。不独有裨于读《左》,兼可取其法以读他书耳。唯以《左氏》作史读,亦有不可不知者两端:(一)则《左氏》记事,多不可信。前人论者已多,无待赘述。(二)则《左氏》记事,亦有须参证《公》、《穀》,乃能明白者。《公》、《穀》述事,本为解经,故其所述,但取足说明经义而止,前已言之。《左氏》

则不然。故其记事之详，十倍《公》、《穀》，且皆校为可信。如邲之战：据《公羊》，楚庄王几于堂堂之阵，正正之旗；而据《左氏》，则先以和诳晋，续乃乘夜袭之，实不免于谲诈。《公羊》之说，盖杂以解经者之主观矣。然《左氏》云："晋人或以广队，不能进，楚人惎之脱扃少进，马旋，又惎之拔旆投衡，乃出。顾曰：'吾不如大国之数奔也。'"当交战之时，而教敌人以遁逃，以致反为所笑，殊不近情。故有训惎为毒，以惎之断句者。然如此，则晋人顾曰之语，不可解矣。必知《公羊》"还师以佚晋寇"之说，乃知庄王此役，虽蓄谋以败晋军，而初不主于杀戮；故其下得教敌人以遁逃。然则"晋之余师不能军，宵济亦终夜有声"之语，盖亦见庄王之宽大。杜注谓讥晋师多而其将师不能用，殆非也。此则非兼考《公羊》，不能明史事之真，并不能明《左氏》者矣。举此一事，余可类推。世之不信《公羊》者，每谓其不近情理；其实言《春秋》而不知《公羊》之条例，其事乃真不近情理。即如《春秋》所记，诸侯盟会，前半皆寥寥数国，愈后而其国愈多。若拨弃《公羊》之义，即作为史事读，岂春秋诸国，其初皆不相往来者乎？

宋人之治《春秋》，别为一派。其端实启于唐之啖助、赵匡。二人始于三《传》皆不置信，而自以意求之经文。啖、赵皆未尝著书。其弟子陆淳，著《春秋集传纂例》、《春秋微旨》，皆祖述啖、赵之说。宋儒之不守三《传》，亦与啖、赵同；而其用意则又各异。宋儒所著之书，以孙复之《春秋尊王发微》、胡安国之《春秋传》为最著。孙书专主尊攘，盖亦北宋时势始然。胡传本经筵进讲之书，时直南宋高宗，故尤发挥大复仇之义，欲激其君以进取。意有所主，不专于说经也。明初颁诸经于儒学，皆取宋人之注；以胡氏学出程氏，遂取其书。学者乃并三《传》而称为四《传》焉。宋人讲《春秋》者,多近空谈;既未必得经之意,于史事亦鲜所裨益。非研究宋学者,可以不必措意。

论语　孟子　孝经　尔雅

《诗》、《书》、《礼》、《易》、《春秋》，乃汉人所谓"五经"。《论语》、《孝经》，汉人皆以为传。《孝经》虽蒙经名，亦在传列。《孟子》在儒家诸子中，《尔雅》则汉人所辑之训诂书也。自宋代以此诸书，与五经、三《传》及《小戴礼记》合刻，乃有"十三经"之名；朱子取《礼记》中之《大学》、《中庸》，以配《论语》、《孟子》，乃又有"四书"之名。经与传之别，自西汉专门之学亡后，实已不能深知；今日研究，传且更要于经，说见前。亦不必更严其别也。今就此诸书，略论其读法如下。

"四书"之名，定自朱子；悬为令申，则始元延祐。然《汉志》，《礼记》之外，有《中庸说》二篇；《隋志》有戴颙《中庸说》二卷，梁武帝有《中庸讲疏》一卷；则《礼记》外有别行之本，由来已久。《大学》唐以前无别行本，而《书录解题》有司马光《大学》、《中庸广义》各一卷，亦在二程之前。王安石最尊《孟子》，司马光、晁公武却非议之，未免意气用事。宋《礼郑韵略》所附条式，元祐中即以《论》、《孟》试士，则尊《孟》亦不始朱子矣。又朱子所定"四书"，以《大学》、《论语》、《孟子》、《中庸》为次。后人移《中庸》于《大学》之后，则专以卷帙多少论耳。

朱子于四书皆有注，乃一生精力所萃。其于义理，诚有胜过汉儒处，不可不细读也。欲窥宋学之藩者，读此四书之注亦甚好。朱子注四书,《大学》分经传,颠倒原次;《中庸》虽无颠倒,分章亦不从郑氏,故皆谓之章句。《论》、《孟》则聚众说,为之注解,故称"集注"。朱子注此四书之意,别著《或问》以发明之;然其后于集注又有改定,而《或问》于《大学》外未及重编。故《或问》与《四书注》,颇多牴牾;《文集》、《语类》中,有言及注四书之意者,亦不能尽合。不得据《或问》以疑四书之注也。

《论语》有鲁《论》、齐《论》及古《论》之别。鲁《论》篇次与今本同。齐《论》别有《问王》、《知道》二篇。二十篇中,章句亦颇多于鲁《论》。古《论》云出孔壁,分《尧曰》后半"子张问"以下,别为一篇,故有两《子张》。篇次亦不与齐、鲁《论》同。张禹受鲁《论》于夏侯建。又从庸生王吉受齐《论》。择善而从,号曰"张侯《论》"。已乱齐、鲁之别;郑玄就鲁《论》篇章,考之齐、古为之注,则并齐、鲁、古三者之别而泯之矣。魏何晏集诸家之说,并下已意为《集解》,盛行于世;即今《十三经注疏》所采之本也。梁时皇侃为之作疏。宋邢昺疏即系据皇疏删其支蔓,附以义理者。梁疏后亡佚,迄清代乃得之日本焉。古《论》云有孔安国注,今见《集解》所引,盖亦王肃所为,其后此注亦亡;清时,歙县鲍氏云得其书于日本,重刻之,则又六朝以来伪物也。《论语》一书,皆记孔子及孔门弟子言行,说颇平易可信。书系杂记,无条理。《正义》篇篇皆言其总旨及章次,殊属不必也。清儒作新疏者,有刘宝楠《论语正义》。

《孟子》一书,存儒家大义实多。他姑勿论,民贵君轻之义,非《孟子》即几于泯没不传。此外道性善、明仁义,亦皆孔门大义,至可宝贵。康有为谓孟子传孔门大同之义,荀卿只传小康,合否今姑勿论,要其为书,则远出荀卿之上。非他儒书所得比并。真孔门之马鸣、龙树矣。又《孟子》书中，存古经说甚多。其言《春秋》处，今人已多知之；言《尚书》处，则知者较鲜。予案《万章上》篇，言尧、舜禅让事，无一不与《书大传》合者，盖今文书说，亦民贵君轻之大义也。若无此义，则《尧典》一篇，诚乃极无谓之物矣。古有赵岐注，颇无味。阮氏《校勘记》指其注"摩顶放踵"处，与《文选注》所引不合，疑亦有窜乱也。疏题宋孙奭，实邵武士人所伪，已见前。清儒作新疏者，有焦循《正义》，博而精。

《孝经》一书，无甚精义。姚际恒《古今伪书考》以为伪书。然其书在汉时，实有传授，且《吕览》即已引之，则姚说未当。此书无甚精义，而汉儒顾颇重之者，汉时社会宗法尚严，视孝甚重。此书文简义浅，人人可通，故用以教不能深造之人。如后汉令期门羽林之士通《孝经》章句是也。《纬书》云："志在《春秋》，行在《孝经》。"《六艺论》云："孔子以六艺题目不同，指意殊别，恐道离散，后世莫知根原，故作《孝经》以总会之。"可见汉人重此之心理。此书亦有今、古两本。今文注出郑玄，传自晋荀昶；古文出于刘炫，多《闺门章》四百余字。唐《开元御注》用今文，元行冲为之作疏。宋邢昺疏即以元疏为蓝本。清儒治此者，有皮锡瑞《孝经郑注疏》。此书无甚深义，一览可也。孔门言孝之义，长于《孝经》者甚多。

《尔雅》乃训诂书，后人亦附之于经。其实非也。张楫《上广雅表》谓"周公著《尔雅》一篇。《释文》以为释诂。今俗所传二篇，或言仲尼所增，或言子夏所益，或云叔孙通所补，或云沛郡梁文所考"，要之皆无确据。予案古人字书，共有三种：（一）四言或三七言韵语，自《史籀篇》以下皆然。王国维说。乃古人识字之书，与今私塾教学僮读《三字经》、《千字文》同法。此事盖沿之自古，予别有论。（二）以字形分部,如今之字典,始于许慎之《说文解字》。(三)《尔雅》,今之词典也,此本抄撮以备查检,后人相传,亦必有增改,无所谓谁作。今此书训诂,几全同毛《传》,《释乐》同《周官·大司乐》,九州异《禹贡》而同《周官》,则古学既出后之物。《释兽》中狻麑即狮子,出西域;䳟鸠出北方沙漠;翠生郁林;鱊鮻出乐浪、潘国;魵虾出秽邪头国;皆非战国前所有。明为后人增益。正如《神农本草经》有汉郡县名耳。此书专治小学者宜熟读之,否但粗加涉猎,随时查检即可。清儒新疏,有郝懿行《义疏》、邵晋涵《正义》两种。

论读子之法

吾国书籍，分为经、史、子、集四部；而集为后起之物，古代只有经、史、子三者。经、子为发表见解之书，史为记载事物之书，已见前。逮于后世，则子亡而集代兴。集与子之区别：集为一人之著述，其学术初不专于一家；子为一家之学术，其著述亦不由于一人。勉强设譬，则子如今之科学书，一书专讲一种学问；集如今之杂志，一书之中，讲各种学问之作皆有也。

子书之精者，讫于西汉。东汉后人作者，即觉浅薄。然西汉子书之精者，仍多祖述先秦之说；则虽谓子书之作，讫于先秦，可也。然远求诸西周以前，则又无所谓子。然则子者，春秋、战国一时代之物也。其故何邪？

予谓专家之学兴而子书起，专家之学亡而子书讫。春秋、战国，专家之学兴起之时也。前乎此，则浑而未分；后乎此，则又裂而将合。故前此无专家之学，后此亦无专家之学也。请略言之：

诸子之学之起原，旧说有二：（一）出《汉志》，谓其原皆出于王官。（一）出《淮南·要略》，谓皆以救时之弊。予谓二说皆是也。何则？天下无无根之物；使诸子之学，前无所承，周、秦之际，时势虽亟，何能发生如此高深之学术？且何解于诸子之学各明一义，而其根本仍复相同邪？见下。天下亦无无缘之事，使非周、秦间之时势有以促成之,则古代浑而未分之哲学,何由推衍之于各方面,而成今诸子之学乎?此犹今人好言社会主义,谓其原出于欧洲之马克思等可;谓由机械发明,生财之法大变,国民生计受外国之侵削,而国内劳动资本阶级,亦有画分之势,因而奋起研究者多,亦无不可也。由前则《汉志》之说,由后则《淮南》之说也。各举一端,本不相背。胡适之撰《诸子不出于王官论》,极诋《汉志》之诬,未免一偏矣。

人群浅演之时,宗教、哲学必浑而不分;其后智识日进,哲学乃自宗教中蜕化而出。吾国古代,亦由是也。故古代未分家之哲学,则诸子之学所同本;而未成哲学前之宗教,则又古代不分家之哲学之根原也。必明乎此,然后于诸子之学,能知其源;而后读诸子书,乃有入处。

宇果有际乎?宙果有初乎?此在今日,人人知非人智所逮,哲学家已置诸不论不议之列。然此非古人所知也。今人竞言"宇宙观"、"人生观",其实二者本是一事。何则?我者,宇宙间之一物;以明乎宇宙之真理,然后我之所以自处者,乃皆得其道矣。故古人之所研究,全在哲学家所谓宇宙论上也。

吾国古代之宇宙论,果如何乎?曰:古之人本诸身以为推。见夫人之生,必由男女之合也,则以为物亦如此;而仰观俯察,适又有苍苍者天,与抟抟者地相对;有日月之代明;有寒暑之迭更;在在足以坚其阴、阳二元之思想。于是以为天地之生物,亦如是而已矣。故曰:"物本乎天,人本乎祖。"《礼记·郊特牲》。

然哲学所求之原因,必为"最后",为"唯一"。求万物之原因,而得阴、阳二元,固犹非"一";非"一",则非其"最后"者也。然则阴、阳之原,又何物耶?夫谓万物厘然各别,彼此不能相通者,乃至浅之见;不必证以科学,而亦能知其非是者也。人日食菽饮水而后生,又或豢豕为酒以为食。方其未饮食时,菽自菽,水自水,豕自豕,酒自酒,人自人也;及其既饮食之后,则泯然不复见其迹焉。人三日不食则惫,七日不食则死。然则人与动植矿物异乎?不异乎?且也,"众生必死,死必归土。骨肉毙于下,荫为野土;其气发扬于上为昭明,焄蒿凄怆"。《礼记·祭义》。然则人与天地,是一乎?是二乎?古以天为积气所成。故谓万物厘然各别,彼此不能相假者,至浅之见;稍深思之,而即知其非是者也。此固不待证之以科学也;古之人亦知此也,乃推求万物之本原;乃以为天地万物,皆同一原质所成,乃名此原质曰"气"。

《易大传》曰:"精气为物,游魂为变。""精"者,凝集紧密之谓。《公羊》庄十年:"觕者曰侵,精者曰伐。"《注》:"觕,粗也,精,犹密也。"是也。魂者,人气。盖同一气也,古人又以为有阴阳之分。阳者性动,轻清而上升;阴者性静,重浊而下降。《左》昭七年疏引《孝经说》曰:"魂,芸也。"芸芸,动也。《广雅·释天》:三气相接,剖判分离;轻清者上为天,重浊者下为地。其在于人,则阳气成神,是曰魂;阴气成形,是曰魄。故魂亦气也。上言气,下言魂,变词耳。"游"者,游散。韩注。构成万有之原质,循一定之律,而凝集紧密焉,则成人所知觉之物,是曰"精气为物"。循一定之律而分离游散焉,则更变化而成他物,是曰"游魂为变"而已矣。此其在人,则为生死。然非独人也,一切物之成毁,莫不如是;即天地亦然。故古人论天地开辟,亦以气之聚散言之。《易·正义·八论》引《乾凿度》"有太易,有太初,有太始,有太素。太易者,未见气;太初者,气之始;太始者,形之始;太素者,质之始"是也。职是故,古人乃以万物之原质<small>即气</small>,凝集之疏密,分物质为五类,是为"五行"。五行之序,以微著为渐。《尚书·洪范》疏所谓"水最微为一,火渐著为二,木形实为三。金体固为四,土质大为五"也。<small>益以〔一〕有形无形,〔二〕有质无质,〔三〕同是有质也,而刚柔大小不同,为分类之准;犹今物理学分物为气体、液体、固体也。</small>然则宇宙间一切现象,无所谓有无,亦无所谓生死,只是一气之变化而已。气之变化,无从知其所以然,只可归之于一种动力。然则此种动力,乃宇宙之根原也。故曰:"易不可见,乾坤或几乎息"也。<small>《易·系辞》</small>。

故此种动力,古人视为伟大无伦。《易》曰:"大哉乾元,万物资始,乃统天。"《公羊》何《注》曰:"春秋以元之气,正天之端。天不深正其元,则不能成其化。"《老子》曰:"有物混成,先天地生;寂兮寥兮,独立而不改,周行而不殆;可以为天下母。吾不知其名,字之曰道。"皆指此种动力言之。夫如是,则天地亦遵循自然之律而动作而已;非能贵于我也,更非能宰制我也。大而至于天地,小而至于蚊虻,其为一种自然之质,循自然之律而变化,皆与我同也。故曰:"天地与我并生,万物与我为一。"<small>《庄子》</small>。然则中国古代之哲学,殆近于机械论者也。

此等动力,固无乎不在,是之谓"神"。《易·系辞》曰:"神无方而易无体。"<small>盈天地之间皆是,则不能偏指一物为神,故无体。</small>又曰:"阴阳不测之谓神。"<small>盈天地之间皆是,自然无论男女雌雄牝牡皆具之,男女雄雌牝牡皆具之,则无复阴阳之可言矣。</small>又曰:"惟神也,故不疾而速,不行而至。"又曰:"无思也,无为也,寂然不动,感而遂通天下之故;非天下之至神,其孰能与于此?"<small>言其充塞乎宇宙之间,故无从更识其动相。</small>亦指此等动力言之也。此等动力,既无乎不在,则虽谓万物皆有神可也,虽谓物即神可也。故曰："鬼神之为德,其盛矣乎。体物而不可遗。"《礼记·中庸》。神即物,物即神,则孰能相为役使? 故曰"吹万不同,使其自已;咸其自取,怒者其谁"也。《庄子·齐物论》。然则中国古代之哲学,又可谓之无神论,谓之泛神论也。

此等哲学思想,为百家所同具。至东周以后,乃推衍之于各方面,而成诸子之学焉。盖其时世变日亟,一切现象,皆有留心研究之人。而前此一种哲学,入于人人之心者既深,自不免本之以为推。其原既同,则其流虽异,而仍必有不离其宗者在。此周、秦诸子之学,所以相反而相成也。今试略举数端以明之:古代哲学,最尊崇自然力。既尊崇自然力,则只有随顺,不能抵抗。故道家最贵"无为"。所谓"无为"者,非无所事事之谓,谓因任自然,不参私意云耳。然则道家之所谓"无为",即儒家"为高必因丘陵,为下必因川泽"之意;亦即法家"绝圣弃智",专任度数之意也。自然之力,无时或息。其在儒家,则因此而得"自强不息"之义焉。其在道家之庄、列一派,则谓"万物相刃相靡,其行如驰","一受其成形,不亡以待尽",因此而得委心任运之义焉。自然力之运行,古人以为如环无端,周而复始。其在道家,则因此而得"祸福倚伏"之义;故贵"知白守黑,知雄守雌"。其在儒家,则因此而得穷变通久之义,故致谨于治制之因革损益。其在法家,则因此而得"古今异俗,新故异备"之义;而商君等以之主张变法焉。万物虽殊,然既为同一原质所成,则其本自一。夫若干原质凝集而成物,必有其所以然,是之谓"命";自物言之则曰"性"。性与生本一字,故告子曰"生之谓性",而孟子驳之以"白之为白"也。"性命"者,物所受诸自然者也。自然力之运行,古人以为本有秩序,不相冲突。《礼记·礼运》曰:"事大积焉而不苑,并行而不缪,细行而不失；深而通，茂而有间；连而不相及也，动而不相害也。"《中庸》曰："万物并育而不相害，道并行而不相悖。"皆极言天然之有秩序，所谓顺也。人能常守此定律，则天下可以大治；故言治贵"反诸性命之情"，故有"反本"、"正本"之义。儒家言尽性可以尽物，道家言善义生者可以托天下，理实由此。抑《春秋》之义，正次王，王次春；言"王者欲有所为，宜求其端于天"；而法家言形名度数，皆原于道；亦由此也。万物既出于一，则形色虽殊，原理不异。故老贵"抱一"，孔贵"中庸"。抑宇宙现象，既变动不居，则所谓真理，只有"变"之一字耳。执一端以为中，将不转瞬而已失其中矣。故贵"抱一"而戒"执一"，贵"得中"而戒"执中"。"抱一""守中"，又即"贵虚""贵无"之旨也。"抱一"者，抱无可抱之一。"得中"者，得无中可得之中。然则一切现象正唯相反，然后相成。故无是非善恶之可言，而"物伦"可齐也。夫道家主因任自然，而法家主整齐画一，似相反矣。然所谓整齐画一者，正欲使天下皆遵守自然之律，而绝去私意；则法家之旨，与道家不相背也。儒家贵仁，而法家贱之。然其言曰："法之为道，前苦而长利；仁之为道，偷乐而后穷。"则其所攻者，乃姑息之爱，非儒家之所谓仁也。儒家重文学，而法家列之五蠹。然其言曰："糟糠不饱者，不务粱肉；短褐不完者，不待文绣。"则亦取救一时之急尔。秦有天下，遂行商君之政而不改，非法家本意也。则法家之与儒家，又不相背也。举此数端，余可类推。要之古代哲学之根本大义，仍贯通乎诸子之中。有时其言似相反者，则以其所论之事不同，史谈所谓"所从言之者异"耳。故《汉志》谓其"譬诸水火，相灭亦相生"也。必明乎此，然后能知诸子学术之原；而亦能知诸子以前，古代哲学之真也。

诸子中唯墨家之学为特异。诸家之言，皆似无神论、泛神论，而墨家之言"天志"、"明鬼",则所谓"天"所谓"鬼"者,皆有喜怒欲恶如人。故诸家之说,皆近机械论,而墨子乃独非命。予按墨子之志,盖以救世,而其道则出于禹。《淮南·要略》云:"墨子学儒者之业,受孔子之术。以为其礼烦扰而不悦,厚葬靡财而贫民,服伤生而害事;服上盖夺"久"字。故背周道而用夏政。"孙星衍《墨子后叙》因此推论墨学皆原于禹,其说甚辩。予按古者生计程度甚低,通国之内,止有房屋一所,名之曰明堂。说本阮氏元,见《揅经室集·明堂论》。为一切政令所自出。读惠氏栋《明堂大道录》可见。《汉志》云:"墨家者流,盖出于清庙之守,茅屋采椽,是以贵俭;养三老五更,是以兼爱;选士大射,是以尚贤;宗祀严父,是以右鬼;顺四时而行,是以非命;以孝视天下,是以尚同。"茅屋采椽,明堂之制也。养三老五更,学校与明堂合也。选士大射,后世行于泮宫;然选士本以助祭,其即在明堂宜也。宗祀严父,清庙明堂合一之制也。顺四时而行,盖《礼记·月令》、《吕览·十二纪》、《淮南·时则训》所述之制,所谓一切政令,皆出明堂也。明堂既与清庙合,以孝视天下,说自易明。《论语》:"子曰:禹,吾无间然矣。菲饮食,而致孝乎鬼神;恶衣服,而致美乎黻冕;卑宫室,而尽力乎沟洫。""致孝乎鬼神","致美乎黻冕",则宗祀严父之说也。卑宫室,则茅屋采椽之谓也。《礼记·礼运》:"孔子曰:我欲观夏道,是故之杞,而不足征也,吾得夏时焉。"所谓夏时者,郑《注》以《夏小正》之属当之,而亦不能质言。窃以《月令》诸书所载,实其遗制。夏早于周千余岁,生计程度尚低,政治制度亦简,一切政令皆出明堂,正是其时。周之明堂,即唐、虞之五府,夏之世室,殷之重屋,乃祀五帝之所。《史记·五帝本纪》索隐引《尚书·帝命验》。五帝者:东方青帝灵威仰,主春生;南方赤帝赤熛怒,主夏长；西方白帝白招拒，主秋成；北方黑帝汁光纪，主冬藏；而中央黄帝含枢纽，则寄王四时；以四时化育，亦须土也。盖以天地万物，同为自然之力所成，乃进化以后之说。其初则诚谓有一天神焉，"申出万物"，"阴骘下民"；继又本"卑者亲视事"之义，造为所谓五帝，以主四时化育；而昊天上帝耀魄宝，则"居其所而众星拱之"而已。君德之贵无为，其远源盖尚在此。夫学说之变迁，必较制度为速。以孔子之睿智，岂尚不知五行灾变之不足凭；然其删定六经，仍过而存之者，则以其沿袭既久，未可骤废故也。然则夏之遗制，犹存于周之明堂，正不足怪。墨子所取之说，虽与诸家异，又足考见未进化时之哲学矣。墨子救世之志，诚可佩仰。然其学不久即绝，亦未始不由于此。以是时哲学业已大进，而墨子顾欲逆行未进化时之说故也。

诸子派别：《史记·太史公自序》述其父谈之论，分为阴阳、儒、墨、名、法、道德六家。《汉志·诸子略》益以纵横家、杂家、农家、小说家为十家，其中去小说家为九流。此外兵家、数术、方技，《汉志》各自为略，而后世亦入子部。案兵家及方技，其为一家之学，与诸子十家同。数术与阴阳家，尤相为表里。《汉志》所以析之诸子之外者，以本刘歆《七略》，《七略》所以别之者，以校书者异其人，《七略》固书目，非论学术派别之作也。十家之中，阴阳家为专门之学，不易晓。小说家无关宏旨。九流之学，皆出王官，唯小说家则似起民间。《汉志》所谓"街谈巷语，道听途说者之所造，闾里小知者之所为"也。《庄子·外物》篇："饰小说以干县令，其于大达亦难矣。"《荀子·正名》篇："故知者论道而已矣，小家珍说之所愿皆衰矣。"所谓"饰小说"及"小家珍说"，似即《汉志》之小说家。盖九流之学，源远流长，而小说则民间有思想、习世故者之所为；当时平民，不讲学术，故虽偶有一得，初不能相与讲明，逐渐改正，以蕲进于高深；亦不能同条共贯，有始有卒，以自成一统系；故其说蒙小之名，而其书乃特多。《汉志》小说家之《虞初周说》至九百四十三篇，《百家》至百三十九卷是也。其说固未尝不为诸家所采,如《御览》八百六十八引《风俗通》,谓"城门失火,殃及池鱼",本出《百家书》是。然徒能为小说家言者,则不能如苏秦之遍说六国,孟子之传食诸侯;但能饰辞以干县令,如后世求仕于郡县者之所为而已。墨家上说之外,更重下教。今《汉志》小说家有《宋子》十八篇,实治墨学者宋钘所为,盖采小说家言特多也。古之所谓小说家者如此;后世寄情荒怪之作,已非其伦;近世乃以平话尸小说之名,则益违其本矣。农家亦专门之学,可暂缓。纵横家鬼谷子系伪书。其真者《战国策》,今已归入史部。所最要者,则儒、墨、名、法、道及杂家六家而已。儒家之书,最要者为《孟子》,又《礼记》中存儒家诸子实最多,今皆已入经部。存于子部者唯一《荀子》。此书真伪,予颇疑之。然其议论,固有精者;且颇能通儒法之邮,固仍为极要之书也。墨家除《墨子》外,更无传书。《晏子春秋》虽略有墨家言,而无甚精义。名家《经》及《经说》见《墨子》;其余绪论,散见《庄子》、《荀子》及法家书中。法家:《商君书》精义亦少,间有之,实不出《管》、《韩》二子之外。道家又分二派:(一)明"欲取姑与"、"知雄守雌"之术,《老子》为之宗;而法家之《管》、《韩》承其流。(二)阐"万物一体"、"乘化待尽"之旨,其说具于《庄子》。《列子》书晚出,较《庄子》明白易解,然其精深,实不逮《庄子》也。而杂家之《吕览》、《淮南》,兼综九流,实为子部瑰宝。《淮南王书》虽出西汉,然所纂皆先秦成说,精卓不让先秦诸子也。兵家精义,略具《荀子·议兵》、《吕览·孟秋》《仲秋》二纪、《淮南·兵略》及《管子》中言兵法诸篇。医经经方,亦专门之学,非急务。然则儒家之《荀》,墨家之《墨》,法家之《管》、《韩》,道家之《老》、《庄》,杂家之《吕览》、《淮南》,实诸子书中最精要者;苟能先熟此八书,则其余子部之书,皆可迎刃而解;而判别其是非真伪,亦昭昭然白黑分矣。读此八书之法:宜先《老》,次《庄》,次《管》、《韩》,次《墨》,次《荀》,殿以《吕览》、《淮南》。先《老》、《庄》者,以道家专言原理,为诸家之学所自出也；次《管》、《韩》者，以法家直承道家之流也；次《墨》，以见哲学中之别派也；《荀子》虽隶儒家，然其书晚出，于诸家之学，皆有论难，实兼具杂家之用；以之与《吕览》、《淮南》，相次并读，可以综览众家，考见其异同得失也。

  读诸子书者，宜留意求其大义。昔时治子者，多注意于名物训诂，典章制度，而于大义顾罕研求。此由当时偏重治经，取以与经相证；此仍治经，非治子也。诸家固亦有知子之大义足贵，从事表章者。然读古书，固宜先明名物制度；名物制度既通，而义乃可求。自汉以后，儒学专行，诸子之书，治之者少；非特鲜疏注可凭，抑且乏善本足据，校勘训释，为力已疲。故于大义，遂罕探讨。善夫章太炎之言曰："治经治子，校勘训诂，特最初门径然。大略言之：经多陈事实，诸子多明义理。校勘训诂而后，不得不各有所主。故贾、马不能理诸子，而郭象、张湛不能治经。"《与章行严论墨学第二书》，见《华国月刊》第四期。胡适之亦谓"治古书之法有三：（一）校勘，（二）训诂，（三）贯通。清儒精于校勘训诂，于贯通工夫，尚有未逮"。见所著《中国哲学史大纲》上卷第一篇。诚知言之选也。今诸子之要者，经清儒校勘训释之后，近人又多有集解之本，初学披览，已可粗通。若求训释更精，及以其所述制度互相比较，并与群经所述制度相比较，制度以儒家为详，故以诸子所述制度与经比较尤要。则非初学所能。故当先求其大义。诸家大义，有彼此相同者，亦有相异者。相同者无论矣，即相异者，亦仍相反而相成。宜深思而求其会通；然后读诸子书，可谓能得其要。至于校勘疏解，偶有所得，亦宜随时札记，以备他日之精研。读书尚未终卷，即已下笔千言，诋排先儒，创立异说，此乃时人习气，殊背大器晚成之道，深愿学者勿效之也。凡人著书，有可速成者，有宜晚出者。创立新义，发前人所未发；造端宏大，欲求详密，断非一人之力所能；只可姑引其端，而疏通证明，则望诸异人，或俟诸后日；此可早出者也。此等新义之发明，恒历数百千年而后一见。乃时会为之，非可强求；亦决非人人可得。至于校勘考证之学，正由精详，乃能得闸。必宜随时改订，以求完密；苟为未定之说，不可轻出误人。今人好言著书，而其所谈者，皆校勘考证之事，此则私心期期以为不可者也。

读古书固宜严别真伪，诸子尤甚。 秦、汉以后之书，伪者较少，辨别亦较易，古书则不然。古书中之经，治者较多，真伪已大略可睹，子又不然也。然近人辨诸子真伪之术，吾实有不甚敢信者。近人所持之术，大要有二：（一）据书中事实立论，事有非本人所能言者，即断为伪。如胡适之摘《管子·小称》篇记管仲之死，又言及毛嫱、西施，《立政》篇辟寝兵兼爱之言，为难墨家子论是也。（二）则就文字立论，如梁任公以《老子》中有偏将军、上将军之名，谓为战国人语；见《学术讲演集》评胡适之《中国哲学史大纲》。又或以文字体制之古近，而辨其书之真伪是。予谓二法皆有可采，而亦皆不可专恃。何则？子为一家之学，与集为一人之书者不同，前已言之。故读子者，不能以其忽作春秋时人语，忽为战国人之言，而疑其书之出于伪造；犹之读集者，不能以其忽祖儒家之言，忽述墨家之论，而疑其文非出于一人。先秦诸子，大抵不自著书。今其书之存者，大抵治其学者所为；而其纂辑，则更出于后之人。书之亡佚既多；辑其书者，又未必通其学；即谓好治此学，然既无师授，即无从知其书之由来，亦无从正其书之真伪；即有可疑者，亦不得不过而存之矣。不过见讲此类学术之书共有若干，即合而编之，而取此种学派中最有名之人，题之曰某子云耳。然则某子之标题，本不过表明学派之词，不谓书即其人所著；与集部书之标题为某某集者，大不相同。集中记及其人身后之事，及其文词之古近错出，固不足怪。至于诸子书所记事实，多有讹误，此似诚有可疑；然古人学术，多由口耳相传，无有书籍，本易讹误。而其传之也，又重其义而轻其事；如胡适之所摘庄子见鲁哀公，自为必无之事。然古人传此，则但取其足以明义，往见者果为庄子与否，所见者果为鲁哀公与否，皆在所不问。岂唯不问，盖有因往见及所见之人，不如庄子及鲁哀公之著名，而易为庄子与鲁哀公者矣。然此尚实有其事。至如孔子往见盗跖等，则可断并其事而无之。不过作者胸中有此一段议论，乃托之孔子、盗跖耳；此则所谓"寓言"也。此等处若据之以谈史实，自易缪误；然在当时，固人人知为"寓言"。故诸子书中所记事实，乖缪者十有七八，而后人于其书，仍皆信而传之。胡适之概断为当时之人，为求利而伪造；又讥购求者之不能别白；亦未必然也。误之少且小者，后人或不能辨；今诸子书皆罅漏百出，缪误显然，岂有概不能辨之理。设事如此，行文亦然。今所传五千言，设使果出老子，则其书中偏将军、上将军，或本作春秋以前官名，而传者乃以战国时之名易之。此则如今译书者，于书中外国名物，易之以中国名物耳。虽不免失真，固与伪造有别也。又古人之传一书，有但传其意者，有兼传其词者。兼传其词者，则其学本有口诀可诵，师以是传之徒，徒又以是传之其徒；如今瞽人业算命者，以命理之书口授其徒然。此等可传之千百年，词句仍无大变。但传其意者，则如今教师之讲授，听者但求明其意即止；迨其传之其徒，则出以自己之言；如是三四传后，其说虽古，其词则新矣。故文字气体之古近，亦不能以别其书之古近也，而况于判其真伪乎？今各家学术，据其自言，皆有所本，说诚未必可信。《淮南子·修务训》已言之。然亦不能绝无关系。如管夷吾究但长于政事，抑兼长于学问，已难质言。即谓长于学问，亦终不似著书之人。然今《管子·戒》篇载流连荒亡之说，实与《孟子》引晏子之言同;《梁惠王下》篇。《晏子春秋》亦载之;则此派学术,固出于齐;既出于齐,固不能断其与管仲无关也。中、小《匡》篇所述治制,即或为管仲之遗。其他自谓其学出于神农、黄帝者视此。《孟子》"有为神农之言者许行",梁任公谓其足为诸子托古之铁证。其意谓许行造作言语,托之神农也。然此语恐非如此解法。《礼记·曲礼下》篇:"医不三世,不服其药。"疏引又说云:"三世者:一曰黄帝针灸,二曰神农本草,三曰素女脉诀,又云夫子脉诀。"然则"神农本草"四字,乃一学科之名。今世所传《神农本草经》,非谓神农氏所作之《本草经》;乃谓神农本草学之经,犹今言药物学书耳。世多以其有后世郡县名,而訾其书非神农氏之旧,误矣。《月令》:季夏之月,"毋发令以妨神农之事"。此"神农"二字,决不能作神农氏解。然则诸书所引神农之教,如"一男不耕,或受之饥;一女不织,或受之寒"云云,亦非谓神农氏之教,乃谓神农学之说矣。"有为神农之言者",为当训治,与《汉书·武纪》"丞相绾奏所举贤良方正,或治申、商、韩非、苏秦、张仪之言",句法相同。《汉志》论农家者流曰:"鄙者为之,以为无所事圣王,欲使君臣并耕",正许行之说;初非谓其造作言语,托之神农也。夫神农、黄帝、管仲,诚未必如托之者之言;然其为此曹所托,亦必自有其故;此亦考古者所宜究心矣。要之古书不可轻信,亦不可抹煞。昔人之弊,在信古过甚,不敢轻疑;今人之弊,则又在一概吐弃,而不求其故。楚固失之,齐亦未为得也。

明乎此,则知诸子之年代事迹,虽可知其大略,而亦不容凿求。若更据诸子中之记事以谈古史,则尤易致误矣。盖古书之存于今,而今人据为史料者,约有数种:(一)史家所记,又可分为四种:《尚书》,一也。《春秋》,二也。《国语》,三也。孔子所修之《春秋》,虽为明义而作,然其原本则为记事之书。《左氏》真伪未定,即真,亦与《国语》同类也。世系,四也。此最可信。(二)私家纪事之作。其较翔实者,如孔门之《论语》;其务恢侈者,则如《管子》大、中、小《匡》三篇是也。前者犹可置信,后者则全不足凭矣。古代史家所记之事,诚亦未必尽信。然较诸私家传说,则其谨严荒诞,相去不啻天渊。试取大、中、小《匡》三篇一读便见。此三篇中,《大匡》前半篇及《小匡》中"宰孔赐胙"一段,盖后人别据《左氏》一类之书补入,余则皆治法学者传述之辞也。(三)诸子中之记事,十之七八为寓言;即或实有其事,人名地名及年代等,亦不可据;彼其意,固亦当作寓言用也。据此以考事实,苟非用之十分谨慎,必将治丝益棼。夫诸子记事之不可尽信如此;而今人考诸子年代事迹,顾多即以诸子所记之事为据;既据此假定诸子年代事迹,乃又持以判别诸子之书之信否焉,其可信乎?一言蔽之,总由不知子与集之异,太重视用作标题之人,致有此误也。

吾谓整治诸子之书,仍当着重于其学术。今诸子书急待整治者有二:(一)后人伪造之品,窜入其中者。(二)异家之言,误合为一书者。盖诸子既不自著书;而其后学之著书者,又未尝自立条例,成一首尾完具之作;而其书亡佚又多;故其学术之真相,甚难窥见。学术之真相难见,则伪品之窜入自易,异家之误会亦多。夫真伪混淆,则学说湮晦;异家错处,则流别不明。此诚足为治诸子学之累,故皆急宜拣剔。拣剔之法,仍宜就其学术求之,即观其同,复观其异;即观其同异,更求其说之所自来,而求其所以分合之由。如是,则诸子之学可明;而诸子之学之根源,及其后此之兴替,亦可见矣。此法今人必讥其偏于主观;然考校书中事实及文体之法,既皆不足恃,则仍不能不出于此也。

旧时学者,于吾国古书,往往过于尊信,谓西方学术,精者不出吾书;又或曲加附会,谓今世学术,皆昔时所已有。今之人则适相反,喜新者固视国故若土苴;即笃旧者,亦谓此中未必真有可取,不过以为旧有之物,不得不从事整治而已。此皆一偏之见。平心论之:社会科学之理,古人皆已引其端;其言之或不如后世之详明,而精简则远过之。截长补短,二者适足相偿也。且古代思想,恒为后世学术风俗之原,昧乎其原,则于其流终难深晓。诸子为吾国最古之学,虽其传久晦,而其义则已于无形中蒸为习尚,深入于人人之心。不知此者,其论世事,纵或持之有故,终不免隔河观火之谈。且真理古今不异,苟能融会贯通,心知其意,古书固未必不周今用,正可以今古相证而益明也。唯自然科学,中国素不重视;即有发明,较诸今日,亦浅薄已甚,稍加疏证,不过知古代此学情形如何,当作史材看耳。若曲加附会,侈然自大,即不免夜郎之诮矣。

读诸子者,固不为研习文辞。然诸子之文,各有其面貌性情,彼此不能相假,亦实为中国文学立极于前。留心文学者,于此加以钻研,固胜徒读集部之书者甚远。中国文学,根柢皆在经、史、子中,近人言文学者,多徒知读集,实为舍本而求末,故用力多而成功少,予别有论。即非专治文学者,循览讽诵,亦足所祛除鄙俗,涵养性灵。文学者美术之一;爱美之心,人所同具;即不能谓文学之美必专门家乃能知之,普通人不能领略也。诸子之文,既非出于一手,并非成于一时。必如世俗论文者之言,谓某子之文如何,固近于凿;然其大较亦有可言者。大约儒家之文,最为中和纯粹。今荀子虽称为儒,其学实与法家近,其文亦近法家。欲求儒家诸子之文,莫如于《小戴记》中求之,前已论及。道家《管》、《老》一派,文最古质。以其学多传之自古,其书亦非东周时人所撰也。见后。《庄子》文最诙诡,以当时言语程度尚低,而其说理颇深,欲达之也难,不得不反复曲譬也。法家文最严肃。名家之文,长于剖析;而法家论事刻核处,亦实能辨别豪芒。以名、法二家，学本相近也。《墨子》文最冗蔓。以其上说下教，多为愚俗人说法，故其文亦随之而浅近也。大约《墨子》之文，最近当时口语。纵横家文最警快，而明于利害。《战国策》中，此等文字最多，诸子中亦时有之，说术亦诸家所共习也。杂家兼名、法，合儒、墨，其学本最疏通，故其文亦如之；《吕览》、《淮南》，实其巨擘。而《吕览》文较质实，《淮南》尤纵横驰骋，意无不尽，则时代之先后为之也。要之言为心声，诸子之学，各有专门，故其文亦随之而异，固非有意为之；然其五光十色，各有独至之处，则后人虽竭力摹仿，终不能逮其十一矣。以今语言之，则诸子之文，可谓"个性"最显著者，欲治文学者，诚不可不加之意也。

老　子

　　道家之书，后世为神仙家所依托，固已全失其本真；即反诸魏、晋之初，谈玄者率以《老》、《庄》并称，实亦已非其朔。若循其本，则《汉志》所谓道家者流，其学实当分二派：一切委心任运，乘化以待尽，此一派也。现存之书，《庄》、《列》为其代表。秉要执本，清虚以自守，卑弱以自持，此一派也。现存之书，以《老子》为最古。此二派，其崇尚自然之力同；然一因自然力之伟大，以为人事皆无可为，遂一切放下，一则欲因任之以致治，善用之以求胜，其宗旨固自不同。夷考汉人之言，多以黄、老连称，罕以老、庄并举。案今《列子书》第一篇《天瑞》，引《黄帝书》二条，黄帝之言一条。第二篇为《黄帝》篇，引老聃之言一条。第六篇《力命》引老聃谓关尹之言一条，《黄帝书》一条。而《天瑞》篇所引《黄帝书》，有一条与今《老子书》同。"谷神不死，是谓玄牝，玄牝之门，是谓天地之根。绵绵若存，用之不勤"。《列子》原未必可信，然十之七八，当系采古书纂辑而成，必非晋人杜撰；然则"黄老"者，乃古代学派之名，其学远托诸黄帝，而首传其说者，则老子也。今观《老子》书，文体甚古。全书多作三四言韵语。乃未有散文前之韵文。间有长句及散句，盖后来所加。又全书之义，女权皆优于男权。案今《周易》首乾，而《殷易》先坤，见《礼记·礼运》"吾得坤乾焉"郑注，此亦吾国男女权递嬗之遗迹。然殷时女权，实已不盛。吾别有考。《老子》全书，皆称颂女权；可见其学必始于殷以前。托诸黄帝，固未必可信。然据《礼记·祭法》，严父配天，实始于禹；则夏时男权已盛，老子之学，必始五帝时矣。盖旧有此说，口耳相传，至老子乃诵出其文也。书中无男女字，但称牝牡；亦可征其时代之早。近人如梁任公，以其书中有偏将军、上将军之名；又谓"师之所处，荆棘生焉，大兵之后，必有凶年"等语，似系见过长平等大战者。遂疑为战国时书。胡适之摘其"民之饥，以其上食税之多"，"天之道，损有余而补不足，人之道则不然，损不足以奉有余"等语，谓为反对东周后之横征暴敛，引《硕鼠》等诗为证，皆非也。偏将军、上将军等语，不足为《老子书》出战国后之证，前已辩之。"师之所处，荆棘生焉，大兵之后，必有凶年"，凡战事皆然，何必长平等大战？《老子》一书，皆发挥玄理之语，非对一时政治立言；又观其文体之古，即知其书非出周代，亦不得引风诗为证也。

《老子》全书之旨，可以两言括之：(一)曰治国主于无为，(一)曰求胜敌当以卑弱自处而已。吾国古代哲学，近于机械论，前已言之。既近机械论，则视一切社会现象，皆有自然之律运行乎其间，毫厘不得差忒，与研究自然科学者之视自然现象同；彼其视自然之力，至大而不可抗也，故只有随顺，断无可违逆之，使如吾意之理。欲违逆之使如吾意，即所谓"有为"；一切随顺天然之律，而不参以私意，则即所谓"无为"也。凡治事者，最贵发见自然之律而遵守之；而不然者，姑无论其事不能成，即使幸成焉，其反动之力，亦必愈大，此老子所以主张治国以无为为尚也。至其求胜敌之术所以主于卑弱者，则因其以自然力之运行为循环之故。所谓"道之动曰反"也。自然力之运行，既为循环，则盛之后必继以衰，强之后必流于弱，乃无可逃之公例；故莫如先以卑弱自处。此皆老子应事之术也。至其空谈原理之语，宗旨亦相一贯，盖所谓治国当主无为，胜敌必居卑弱者,不外遵守天然之律而已。古代哲学之宇宙论,以为万物同出一原,前文亦已言及;万物同出一原,则现象虽殊,原理自一。此形形色色之现象,老子喻之以"器";而未成万物前之原质,则老子喻之以"朴"。其曰"朴散而为器"者,犹曰原质分而为万物耳。夫同一原质,断未有不循同一定律者;至其散而为万物,则有难言者矣。《老子》一书,反复推阐,不外谓朴散为器之后,仍当遵守最初之原理。其曰"见素",欲见此也;其曰"抱璞",欲抱此也;其曰"守中",以此为中也;其曰"抱一",以此为一也。又其言曰:"有无相生,难易相成,长短相较,高下相倾。"又曰:"天下皆知美之为美,斯恶矣;皆知善之为善,斯不善矣。"欲举天下对待之境,一扫而空之。亦以此等相对之名,皆"朴散为器"而始有;返诸其初,则只浑然之一境也。此其"绝圣弃智","圣人不死,大盗不止"之说所由来,而亦庄周"齐物"之理所由立。百家之学,其流异,其原固无不同;然其流既异,即不得因其原之同而泯其派别也。老子全书之宗旨如此,由前总论所述,已可见之。然《老子》书解者最多,而其附会曲说亦最甚;故不惮词费,更申言之。要之古书中语,具体者多,抽象者少。此自言语巧拙,今古不同使然。读书固贵以意逆志,不可以词害意。世之误解《老子》者,多由泥其字面,误取譬之词为敷陈之论,有以致之也。又古书中"自然"字,"然"字当作成字解,不当作如此解。如《老子》"功成事遂,万物皆谓我自然";《淮南子·原道训》"万物固以自然,圣人又何事焉"是也。

《老子》书注者极多,最通行者,为河上公注、王弼注、吴澄注三种。河上公注为伪物,前人已言之。王弼注刻本虽晚出,然陆德明《经典释文》为作音训;又《列子》引《黄帝书》一条,与《老子》同者,张湛即引弼注注之，皆与今本相符，可证其非伪物。吴澄注多以释理与道家言相证，虽非本旨，亦尚无金丹黄白，如涂涂附之谈。予谓《老子》书并不难解，读者苟具哲学常识，凡研究中国古哲学及佛书者，必须先有现在哲学常识。此层最为紧要；否则研究中国哲学者，易致貌似玄妙，而实无标准。研究佛学者，更易流于迷信。即不看注，义亦可通；而一看注，则有时反至茫昧；初学读此书，可但涵泳本文，求其义理。诸家之注，一览已足，不必深求也。

欲求《老子》之义于本文，姚鼐《老子章义》却可一览。《老子》原书，本无《道经》、《德经》之分，分章更系诸家随意所为；读者但当涵泳本文，自求条理，若一拘泥前人章句，则又滋纠纷矣。姚氏此书，即以前人分章为不然，以意重定；虽不必执其所定者为准，然其法自可用也。

古书"经"、"传"恒相辅而行，大抵文少而整齐有韵者为"经"，议论纵横者为"传"。盖经为历世相传简要精当之语，"寡其辞，协其音"，所以便诵读；而传则习其学者发挥经意之书也。《老子》书理精词简，一望而可知为经；其学之传授既古，后学之发挥其义者自多。据《汉志》：道家有《老子邻氏经传》四篇、《老子傅氏经说》三十七篇、《老子徐氏经说》六篇、刘向《说老子》四篇，盖皆《老子》之传。惜其书皆不传。然解释《老子》之词，散见于诸子中者仍不少。近人长沙杨树达尝汇辑之而成《老子古义》一书中华书局出版。极可看。焦竑《老子翼》三卷，辑《韩非》以下解《老子》者六十四家，采撷可谓极博，然亦宋以后说为多，初学可暂缓。

庄 子

　　《庄子》与《老子》同属道家，而学术宗旨实异，前已言之。《庄子》之旨，主于委心任运，颇近颓废自甘；然其说理实极精深。中国哲学，偏重应用，而轻纯理；固以此免欧洲、印度哲学不周人用之诮，而亦以此乏究极玄眇之观。先秦诸子中，善言名理，有今纯理哲学之意者，则莫《庄子》若矣。《列子》宗旨与《庄子》大同。然其书似出后人纂辑，不免羼杂；精义亦不逮《庄子》之多。又据《庄子》末篇，则惠施之学，颇与庄子相近。然惠施学说，除此以外，无可考见；他书引惠子事，多无关哲理，如今《庄子》之有《说剑》篇耳。章太炎于先秦诸子中，最服膺《庄子》，良有由也。

　　今《庄子》书分内篇、外篇及杂篇。昔人多重内篇，然外篇实亦精绝，唯杂篇中有数篇无谓耳。分见后。

　　《庄子》注以郭象为最古，《世说新语》谓其窃诸向秀，据后人所考校，诚然。可参看《四库书目提要》。此注与《列子》张湛注，皆善言名理；似尚胜王弼之《易注》及《老子注》。兼可考见魏、晋人之哲学，实可宝也。四库所著录者，有宋褚伯秀《南华真经义海纂微》一百六卷。纂郭象、吕惠卿、林疑独、陈祥道、陈景元、王雱、刘概、吴俦、赵以夫、林希逸、李士表、王旦、范元应十三家之说。《提要》谓宋以前解《庄子》者，梗概略具于是。又焦竑《庄子翼》八卷，体例与其《老子翼》同。虽《提要》议其不如彼书之精，然亦多存旧说也。近人注释，有郭庆藩《庄子集释》、王先谦《庄子集解》。郭氏书兼载郭象注及唐成玄英疏，更集众说，加以疏释，颇为详备。王氏书较郭氏为略，盖其书成于郭氏之后，不取重复，故但说明大意而止也。

《逍遥游》第一　此篇借物之大小不同，以明当境各足之义。盖世间之境，贫富贵贱，智愚勇怯，一若两端相对者然，语其苦乐，实亦相同。然世多以彼羡此，故借大小一端，以明各当其分，大者不必有余，小者不必不足，郭注所谓"以绝羡欲之累"也。"列子御风而行"一段，为《庄子》所谓逍遥者，其义主于"无待"。夫世间之物，无不两端相对待者，欲求无待，非超乎此世界之外不可，则其说更进矣。此篇文极诙诡，然须知诸子皆非有意为文。其所以看似诙诡者，以当时言语程度尚低，抽象之词已少，专供哲学用之语，更几于绝无。欲说高深之理，必须取譬于实事实物，而眼前事物，欲以说明高深之理极难，故不得不如是也。此等处宜探其意而弗泥其辞；苟能心知其意，自觉其言虽诙诡，而其所说之理，实与普通哲学家所说者无殊矣。至于世俗评文之家，竟谓诸子有意于文字求奇，其说更不足论。此凡读古书皆然。然《庄子》书为后人穿凿附会最甚，故于此发其凡。此篇引《齐谐》之言。所谓《齐谐》者，盖诚古志怪之书，而作此篇者引之。不然，初不必既撰寓言，又伪造一书名，而以其寓言托之也。然则此篇中诙诡之语，尚未必撰此篇者所自造，有意于文字求奇之说，不攻自破矣。

《齐物论》第二　论与伦古字相通。伦者类也，物必各有不同，然后可分为若干类，故伦字有不同之义。犹今人各种东西之种字耳。此篇极言世界上物，虽形形色色，各有不同，然其实仍系一物。盖"彼出于是，是亦因彼"，去彼则此之名不存，去此则彼之名亦不立；又宇宙之间，变化不已，此物可化为彼，彼物亦可变为此。此足见分别彼此,多立名目者,乃愚俗人之见矣。此篇宗旨,在"天地与我并生,万物与我为一"十二字;惠施"泛爱天地,万物一体"之说,见《天下》篇。亦由此理而出,实仍本于古代哲学宇宙万物皆同一原质所成之观念也。亦可见先秦诸子之学,同出一原矣。

《养生主》第三　此篇言作事必顺天理,以庖丁解牛为喻;天者自然,理者条理。随顺天理,即随顺自然之条理也。人能知此理,则能安时处顺,使哀乐不入,而可以养生。

《人间世》第四　此篇言处世之道,贵于虚己。所谓"虚己"者,即无我之谓也;人而能无我,则物莫能害矣。<small>物兼人为之事,及自然之力言。</small>

《德充符》第五　此篇举兀者等事,见无我者之为人所悦,是为德充之符。

《大宗师》第六　郭《注》云:"虽天地之大,万物之富,其所宗而师者无心也。"此篇盖发挥哲学中之机械论,夫举全宇宙而为一大机械,则人处其间,只有委心任运而已。故曰"天地大炉,造化大冶,惟所陶铸,无乎不可"也。

《应帝王》第七<small>以上内篇。</small>　此篇言应世之术,贵乎无所容心。其言曰"至人之用心若镜,不将不迎,应而不藏",乃全篇之宗旨也。盖言无我则能因物付物,是为应世之术。

《骈拇》第八　此篇言仁义非人性。伯夷、盗跖,虽善恶不同,而其为失本性则均。齐是非之论也。

《马蹄》第九　此篇言伯乐失马之性,圣人毁道德以为仁义,与上篇宗旨意同。

《胠箧》第十　此篇言善恶不唯其名唯其实,因欲止世之为恶者,而分别善恶;为恶者即能并善之名而窃之。夫善之名而为为恶者所窃,则世俗之所谓善者不足为善,恶者不足为恶,审矣。乃极彻底之论也。

《在宥》第十一　此篇言以无为为治,而后物各得其性命之情。戒干涉,主放任之论也。"性命"二字之义见前。

《天地》第十二　此篇为古代哲学中之宇宙论,极要。

《天道》第十三　此篇由哲学中之宇宙论,而推论治天下之道,见道德名法,皆相一贯而归本于无为。

《天运》第十四　此篇言仁义等之不足尚。

《刻意》第十五　此篇言虚无无为之贵。

《缮性》第十六　此篇言心之所欲,多非本真,故戒去"性"而从心,当反情性而复其初。

《秋水》第十七　此篇首设河伯、海若问答,亦齐物之旨。"夔怜蚿"一节,言人当任天而动。"孔子畏于匡"一节,言穷通由于时命,非人所能为。"庄子与惠子游濠梁"一节,言名学之理颇深。唯"庄子钓于濮水"、"惠子相梁"两节粗浅。

《至乐》第十八　此篇言"无为为至乐,至乐者无乐"。因极言生死之同。"种有几"一段亦此义。郭注:有变化而无死生也。近人以牵合生物学,似非也。

《达生》第十九　此篇言生之来不能却,其去不可止,能遗世则为善养生。亦委心任运之论。

《山木》第二十　此篇言人之处世,材不材皆足婴患,唯乘道德而游者不然。所谓乘道德者,虚己之谓也。虚己则无计较利害之心,无计较利害之心,则物莫之能累矣。亦《人间世》、《德充符》两篇之旨也。

《田子方》第二十一　此篇记孔子告颜回语,亦齐物之旨。老聃告孔子语,推论生物之原,由于阴阳二力,亦古代哲学中之宇宙论也。

《知北游》第二十二以上外篇。　此篇言"道",亦古代哲学中宇宙论也。其言"无无"之义,已颇涉认识论矣。

《庚桑楚》第二十三　此篇文颇艰深,其大意谓一切祸福,皆心所造。故心无利害之念,则物自莫之能侵。所谓"寇莫大于阴阳,犹今言自然力。无所逃于天地之间,非阴阳贼之,心自使之";"身若槁木,心若死灰,祸亦不至,福亦不来"也。其云:"万物出乎无有;有不能以有为有,必出乎无有;而无有一无有。圣人藏于是。"阐无有之理尤精。此言一切万物,彼不能为此之原因,此亦不能为彼之原因。乃道家虚无无为之旨所从出也。

《徐无鬼》第二十四　此篇亦言为仁义,则必流于不仁义,道家所以贵道德而贱仁义者由此。末段亦涉及古代哲学中之宇宙论,文颇难解。

《则阳》第二十五　此篇亦言为仁义则必流于不仁不义,兼涉及宇宙论,与上篇同。篇末"莫为"、"或使"之辩,即哲学中"有神"、"无神"之争也。其论犯罪者非其罪一节,尤有合于社会主义。

《外物》第二十六　此篇为杂论。

《寓言》第二十七　此篇亦杂论,有与他篇重复处。

《让王》第二十八　此篇杂记让国之事,言唯轻天下重一身者,乃足以治天下,词意似浅。然道家所谓"养生",其意实谓必如此之人,乃足以治天下,而非徒宝爱其身,欲求全其性命,即此可见。此义道家屡及之,如《吕览·贵生》、《淮南·精神训》《诠言训》是。神仙家之窃取附会，而自托于道家者，其失不待辩而自明矣。

《盗跖》第二十九　此篇言君子小人，名异实同，莫如恣睢而求目前之乐。与《列子·杨朱》篇同义。其言富者之苦乐一节，颇可考见古代社会生计情形。

《说剑》第三十　此篇记庄子说止赵文王好剑之事，意义浅薄，与《庄子》全书，了无关涉。且此事散见他书者甚多，所属之人亦各异。凡古代传说之事，固多如此。盖此事相传，一说以属庄子，故编《庄子》书者，遂以之辑入为一篇也。

《渔父》第三十一　此篇亦浅薄。

《列御寇》第三十二　此篇亦浅薄，而间有精论。

《天下》第三十三　此篇盖庄子之自叙，前总论，后分列诸家，可考见古代学术源流。论古代学术源流者，以《庄子》此篇、《淮南·要略》、《太史公自序》、《汉书·艺文志》四篇为最有条理。而四篇又各有胜处。《汉志》推论诸家之学所自出，可见其各有所本；《庄子》此篇则言道术始合而后分，可见诸家之学，虽各有所本，而仍同出一原，同出一原，谓其同根据于古代之哲学；各有所本，则言其以一种哲学，而推衍之于各方面。其义相反而相成。《淮南》论诸子之学，皆起于救时之弊，有某种弊，即有某种学，如方药然，各有主治，即各有用处。而《太史公自序》，则言诸家之学，各有所长，亦各有所短，其义亦相反而相成也。

列　子

　　此书前列张湛《序》，述得书源流，殊不可信。而云"所明往往与佛经相参，大同归于老庄"，"属辞引类，特与《庄子》相似。庄子、慎到、韩非、尸子、淮南子，玄示指归，多称其言"，则不啻自写供招。佛经初入中国时，原有以其言与老、庄相参者，一以为同，一以为异，两派颇有争论。湛盖亦以佛与老、庄之道为可通，乃伪造此书，以通两者之邮也。其云庄子、慎到等多称其言，盖即湛造此书时所取材。汪继培谓"后人依采诸子而稍附益之"，最得其实。然此固不独《列子》。凡先秦诸子，大都不自著书，其书皆后人采缀而成，采缀时，岂能略无附益，特其书出有早晚耳。故此书中除思想与佛经相同，非中国所固有者外，仍可认为古书也。篇首刘向校语，更不可信。凡古书刘向序，大都伪物。姚姬传唯信《战国策序》为真，予则并此而疑之。

　　注《庄子》书者甚多，《列子》则唯张湛一注，孤行于世。唐殷敬顺就张湛注作《释文》，本各为书。元、明以来刻本，皆以《释文》入注，二者遂混淆不辨。清汪继培得影宋抄本，又录《释文》单行本于《道藏》，据以参校，二者始各还其旧。此外参校之本尚多，实此书最善之本也。又有唐卢重元注，《唐·艺文志》以下，皆不著录。郑樵《通志》始及之。书有陈景元序，谓得之徐灵府。清秦恩复得之金陵道院，重刻之。然今所传《文子缵义》，亦出徐灵府，其书殊不可信，则此书恐亦非唐时物也。

此书大旨与《庄子》相类。精义不逮《庄子》之多，而其文较《庄子》易解，殊足与《庄子》相参证。读《庄子》不能解者，先读此书最好。其陈义有视前人为有进者。如《汤问》篇："汤问于夏革，曰：古初有物乎？夏革曰：古初无物，今恶得物？后之人将谓今无物，可乎？汤问曰：然则物无先后乎？夏革曰：物之终始，初无极已。始或为终，终或为始，恶知其纪？自物之外，自事之先，朕所不知也。"案古人论宇宙原始者，率以为有气而后有形，有形而后有质，皆宇宙论中语。此则明人能知有，不能知无；时间之起讫，空间之际限，实非人所能知；人之所知，实以认识所及为限；已深入认识论之堂奥矣。盖佛学输入后始有之义也。

《天瑞》第一　　此书为《列子》之宇宙论，与他古书所述大同，而文最明白易晓。

《黄帝》第二　　此篇言气无彼我，彼我之分由形；任气而不牵于形，则与物为一；与物为一，则物莫能害。盖承上篇，言人所以自处之道也。

《周穆王》第三　　此篇言造物与人之为"幻"无异，梦与觉无异，盖言真幻不别也，似亦已杂佛学之理矣。庄子物化之说，虽亦已起其端，然言之不如此篇之透彻。西极化人，即西域眩人，乃汉时事。《穆天子传》及《山海经》中涉及西域者，后人以其地理多合，信为古书，不知其正西域地理既明后，伪造之作也。观此篇所取材，而知其为魏、晋间物矣。

《仲尼》第四　　此篇总旨，在"忘情任理"四字。"中山公子牟"一节，述公孙龙之学，颇有条理。其说必有所本，注文亦极明了。

可宝也。今《公孙龙子》殊不易读。

《汤问》第五　此篇言空时间皆不可知。又言人所不知之事甚多，不可据其所知，以疑其所不知。乃极精之认识论也。

《力命》第六　此篇言力不胜命，今哲学中所谓定命论；又言凡事皆出于不得不然，今哲学中所谓机械论也。

《杨朱》第七　此篇为厌世之义。杨朱之学，除《孟子》称其为我外，他无可考，此书何从独有之？可知其伪。

《说符》第八　此篇言因果有必至之符，亦机械论。又言有术者或不能行，行之者不必有术。视学问、事功，判然二物。又言人与物徒以智力相制，迭相食，见无所谓福善祸淫等天理，其理亦皆与机械论相通也。

荀　子

儒家孟、荀并称，然《荀子》书予极疑之。予疑《荀子》书，自读其非象刑之论始。盖儒家论刑，止有二义：（一）曰五刑，是为肉刑，见《书·吕刑》篇。（一）曰象刑，见《尧典》。今本分为《舜典》。象刑之说，见《书大传》，谓不残贼人之肢体，徒僇辱之而已。汉文《废肉刑诏》："盖闻有虞氏之时，画衣冠、异章服以为戮而民弗犯"，即今文《书》说也。皆《书》说也。非象刑之论，与儒家之尚德化，根本不相容。及读《汉书·刑法志》，荀子之论具在，乃恍然有悟。盖汉时地方豪族以及游侠之士，汉时去封建近，此等乃前此贵族及武士之遗也。势力极大。上扞国法，下陵小民，狱犴不平。职是之故，仁人君子，蒿目时艰，乃欲以峻法严刑，裁抑一切。此自救时之论，有激而云，而实行之者则王莽也。夫莽固事事托之于古者也。然则非象刑之论，盖亦不知何人所造，而托之荀子者矣。本此以推，则见其性恶之论、法后王之言，亦皆与儒家之义，不能并立。其论礼也，谓"人生不能无群，群而无分则争，争则乱，乱则离，离则弱，弱则不能胜物"。见《王制篇》。亦法家论法之语也。夫如后世之论，则诸经皆出荀卿。汪中《荀卿子通论》。案此篇所引诸经传源流，多不可信。董仲舒书美荀卿，说出今所传《荀子》、刘向《叙》，他无征验。此序之伪，亦显而易见也。今姑不必深求。但使战国之末，儒家大师荀卿，其议论果如今《荀子》书所云，则在儒家中实为异军苍头。安得历先汉二百年，迄无祖述之书，亦无反驳之论哉？今《荀子》书同《韩诗外传》、《二戴记》、《说苑》、《新序》处最多，亦有同《书大传》、《春秋繁露》、《公羊》、《穀梁》、《左氏》、《国语》、《楚辞》、《礼纬》、《诗》毛氏《传》、《孔子家语》者；又有同《管》、《韩》、《庄》、《列》诸子、《晏子春秋》、《淮南王书》者。夫其同《说苑》、《新序》，诚可诿为刘向校书中秘，已见是书。《大戴记》晚出，无传授，昔人即不之信；《小戴记》亦今古文杂；《穀梁》、《左氏》、《毛诗》皆晚出，姑勿论。其同《韩诗外传》、《书大传》、《公羊》、《繁露》，何说之辞？谓诸儒袭《荀子》，则诸儒早见《荀子》书矣，何待刘向？谓其各不相袭，所本者同，又无解于《荀子》书中，与儒家持义根本不相容之处，他家皆无此论也。然则《荀子》者，乃较早出之《孔子家语》耳。其与诸书同处，正足证其书由抄袭而成；而较《荀子》晚出之书，则又转袭《荀子》者也。予之臆见如此，当否诚不敢自信。至于《荀子》之书当读，则初不因其真伪而异；因其书有甚精处，要必为先秦之传，固不必问其集自何人，题为何子也。

　　《荀子》书多精论，然颇凌杂无条理，今为料拣之。案《荀子》书宗旨，荦荦大者，凡有八端：曰"法后王"，见《不苟》、《非相》、《儒效》、《王制》诸篇。曰主人治，见《王制》、《君道》、《致士》诸篇。曰群必有分，见《王制》、《富国》诸篇。曰阶级不能无，见《荣辱》、《富国》诸篇。曰性恶，见《荣辱》、《性恶》诸篇。曰法自然，见《天论》、《解蔽》诸篇。曰正名，见《正名》篇。此外攻击儒、墨、名、法，与权谋诸家之语，散见《非十二子》、《儒效》、《王霸》、《君道》、《议兵》、《强国》、《正论》、《乐论》诸篇。要之《荀子》书于诸家皆有诘难。语其宗旨，实与法家最近，而又蒙儒家之面目者也。全书中最精者，为《天论》、《正论》、《解蔽》、《正名》四篇。

《荀子》书《汉志》三十二篇。今《汉志》作"三十三"，乃误字。《隋》、《唐志》皆十二卷。唐杨倞为之注，分为二十卷；于篇第颇有升降。今世通行者，为嘉善谢氏刻本，其校勘实出卢文弨。又有宋台州刻本，黎庶昌得之日本，刻入《古逸丛书》中。王先谦更取王念孙、俞樾诸家校释，又以台州本及卢氏取之未尽之虞、王合校本，与谢本相校，成《荀子集解》一书。采摭颇备，甚便观览。

《劝学》第一、《修身》第二、《不苟》第三　以上三篇，皆儒家通常之论。《不苟篇》"君子养心莫善于诚"一节，义与《礼记·中庸》篇通。又"君子位尊而志恭"一节，论法后王之义。

《荣辱》第四　此篇义亦主于修为，与前数篇同。"凡人有所一同"一节，谓人之行为，为生理所限，而生理受制于自然律，实性恶之说所本也。

《非相》第五　此篇只首节非相，盖以首节之义名篇也。与《论衡·看相》等篇参看，可见古者对于相人之术，迷信颇甚。

《非十二子》第六　此篇亦见《韩诗外传》，而止十子，无子思、孟轲。《荀子》书吾颇疑其为西汉末人所集。然其所取资，固不能尽伪。凡古伪书皆然。墨子学于孔子，说似不诬。见后。今其书《非儒》、《公孟》、《耕柱》诸篇，攻击儒家最烈。其中固有由宗旨不同处，然讥儒者贪于饮食，惰于作务，徒古其服及言而实无可取，颇与此篇所攻子张氏、子夏氏之贱儒合。此不得谓非儒者之病。盖儒者固自有其真，然徒党既多，不能无徒窃其名而无其实者。《礼记·儒行》记孔子之言曰："今众人之命儒也妄，常以儒相诟病。"篇末又记哀公闻孔子之言，"终没吾世，不敢以儒为戏"。则当时耳儒之名而不知其义，以儒相诟病，以儒为戏者甚多，皆"贪于饮食，饰其衣冠"之贱儒，有以自取之也。颇疑此篇中攻子思、孟轲之语，为后人所造。详见鄙著《辨梁任公阴阳五行说之来历》。见《东方杂志》第二十卷第二十号。而其非子张、子夏氏之贱儒之语则真。但为先秦旧说耳，不必定出荀卿其人，且不必定出儒家，此义亦前已及之矣。

《仲尼》第七　此篇言"仲尼之门，五尺之竖子，羞称五霸"，与《春秋繁露·封胶西王》篇合。《汉书·董仲舒传》亦同。是今文家义也。夫董子者，"正其义，不谋其利，明其道，不计其功"者也；而此篇下文论擅宠于万乘之国，而无后患之术，几于鄙夫之谈，亦可见《荀子》书之杂矣。

《儒效》第八　此篇中有辟名家之论，亦及法后王之义。

《王制》第九　此篇中有述制度处，颇足与群经相考证。此外有论人治之语，有言法后王之义。又其言有群乃能胜物，而群不可无分，则为法家重度数之意，可与下篇参看。

《富国》第十　此篇言群不可无分，有分为富国之道，辟墨子之徒以不足为患，陈义颇精。

《王霸》第十一　此篇斥权谋。"礼之所以正国也"一节，与《礼记·经解》篇同。《礼论》篇"取绳墨诚陈"云云亦然。此数语法家论法，亦恒用之；亦可见《荀子》与法家相近也。《礼记》亦汉人集诸经之传及儒家诸子而成。见前。

《君道》第十二　此篇言人治，辟权谋。此篇杨注亡。

《臣道》第十三　此篇为儒家通常之义。

《致士》第十四　此篇论人治数语，与《王制》篇复。得众动天十六字，文体及意义，并与上下文不相蒙；下文论刑赏及师术，亦与致士无涉。盖多他篇错简，或本篇本杂凑而成，而取其一端以名篇也。

《议兵》第十五　此篇论用兵之理极精。《韩诗外传》、《新序》、《史记·礼书》、《汉书·刑法志》皆载之。

《强国》第十六　此篇亦通常之论。

《天论》第十七　此篇言："吉凶由人不由天。""事非人力所能为者，不以措意。""人当利用自然。""怪异不足畏。""合众事乃能求得公例，徒据一偏则不能得。"乃《荀子》书中最精之论也。此篇驳老子、慎到、墨翟、宋钘。

《正论》第十八　此篇皆诘难当时诸家之论。第一节即驳法家。然第二节论汤、武非篡，义不如《孟子》之精，而持论实与法家相近。第三节驳象刑，则弥与儒家反矣。要之此书虽驳法家，然其思想实与法家近也。篇末驳子宋子，颇可借考宋牼学说。

《礼论》第十九　此篇有精语。然大体与《大戴礼·礼三本》、《史记·礼书》同。又有同《穀梁》及《礼记·经解·三年问》处。

《乐论》第二十　此篇同《礼记·乐记》，而多增入辟墨子语。《史记·礼书》亦同。案《史记》八《书》皆亡，盖后又取他书补之。可见《荀子》书中辟他家之语，有后来增入者。亦足为《非十二子》中辟子思、孟轲之语，为后人增入之一证也。又一段同《礼记·乡饮酒义》。此篇注亦亡。

《解蔽》第二十一　此亦《荀子》书极精者，足与《天论篇》媲美。《伪古文尚书》"人心惟危，道心惟微，惟精惟一，允执厥中"十六字，原出此篇。

《正名》第二十二　此篇论名学哲学极精。

《性恶》第二十三　案荀子性恶之论，为后人所訾。然此篇首句曰:"人之性恶,其善者伪也。"杨注曰:"伪,为也,矫也,矫其本性也。凡非天性而人作为之者,皆谓之伪。故伪字人旁为,亦会意字也。"则伪非伪饰,其义皦然。《礼论篇》:"故曰:性者,本始材朴也;伪者,文礼隆盛也。无性则伪之无所加,无伪则性不能自美。"《正名篇》:"心虑而能为之动,谓之伪;虑积焉,能习焉,而后成,谓之伪。"尤不啻自下界说。以为真伪之伪,而妄肆诋諆,真不必复辩矣。为之本义为母猴,盖动物之举动,有出于有意者,有不待加意者;其不待加意者,则今心理学家所谓"本能"也。其必待加意者,则《荀子》书所谓"心虑而能谓之动,虑积焉能习焉而后成",杨注所谓"非天性而人作为之"者也。动物举动,多出本能。唯猿猴知识最高,出乎本能以外之行动最多,故名母猴曰为。其后遂以为人之非本能之动作之称。故为字之本义,本指有意之行动言之,既不该本能之动作,亦不涵伪饰之意也。古用字但主声,为,伪初无区别。其后名母猴曰为之语亡,为为母猴之义亦隐,乃以为为作之为,伪为伪饰之伪。此自用字后起之分别,及字义之迁变尔。若拘六书之例言之,则既有伪字之后,非为伪饰,皆当作伪,其作为者,乃传形成声耳。然性恶之论,究与法家相近,而非儒家尚德化之义,则亦不容曲辨也。此篇本二十六,杨升。

《君子》第二十四　此篇言人君之事,无甚精义。本第三十一,杨升。

《成相》第二十五　此篇大体以三七言成文。俞樾谓相即《礼记·曲礼》"邻有丧,舂不相"之相,为古人乐曲之名,盖是也。《汉志》赋分四家,《成相杂辞》十一篇,与隐书并附于杂赋之末。此篇盖即所谓成相。而下《赋篇》,每先云"爰有大物","有物于此",极陈其物,然后举其名,盖即所谓隐书矣。或谓后世弹词文体,实出《成相》。此篇本第二十八,杨升。

《赋》第二十六　此篇之体,颇类《汉志》所谓隐书,已见前。然

《汉志》亦有《孙卿赋》,不知其究谁指也。"天下不治,请陈佹诗"一节,文体与前不同。然末节文体与此同,《战国策·楚策》载之,亦谓之赋。盖"不歌而诵",则皆谓之赋也。此篇本第二十二,杨降。

《大略》第二十七　此篇杂,杨云:"弟子杂录荀卿之语。"案以下诸篇,多与他传记诸子同。

《宥坐》第二十八、《子道》第二十九、《法行》第三十、《哀公》第三十一、《尧问》第三十二　杨云:"此以下皆荀卿及弟子所引记传杂事,故总推之于末。"《尧问篇》末一段,为他人论荀子之语,杨云:"荀卿弟子之辞。"

晏子春秋

此书《汉志》八篇。《史记正义》引《七略》及《隋》、《唐志》皆七卷，盖后人以篇为卷，又合杂上下为一篇。《崇文总目》作十四卷，则每卷又析为二也。其书与经子文辞互异，足资参订处极多。历来传注，亦多称引，决非伪书。《玉海》因《崇文总目》卷帙之增，谓后人采婴行事为书，故卷帙颇多于前，实为妄说，孙星衍已辨之矣。前代著录，皆入儒家。柳宗元始谓墨氏之徒为之。晁公武《读书志》、《文献通考·经籍考》，遂皆入之墨家。今观全书，称引孔子之言甚多，卷一《景公衣狐白裘章》、卷二《景公冬起大台之役章》、《景公嬖妾死章》、卷五《晋欲攻齐使人往观章》、《晏子居丧逊答家老章》，皆引孔子之言以为评论。卷三《景公问欲善齐国之政章》，则晏子对辞，称闻诸仲尼，卷五晏子使鲁，仲尼以为知礼，卷七仲尼称晏子行补三君而不有，亦皆称美晏子之言。又卷四《曾子问不谏上不顾民以成行义者章》，卷五《曾子将行晏子送之以言章》，皆引曾子之事。《晏子居丧逊答家老章》，亦称曾子以闻孔子，又卷四《叔向问齐德哀子若何章》、卷五《崔庆劫将军大夫盟章》、《晏子饮景公酒章》、卷七《景公饮酒章》，皆引《诗》。引墨子之言者仅两条，卷三《景公问圣王其行若何章》、卷五《景公恶故人章》。诋毁孔子者，唯外篇不合经术者一至四四章耳。陈义亦多同儒家，而与墨异，以入墨家者非也。

全书皆记晏子行事。其文与《左氏》复者颇多。《左氏》之"君子曰"，究为何人之言，旧多异说。今观此书，引君子之言亦颇多。卷三《庄公问威当世服天下章》、卷五《齐饥晏子因路寝之役以振民章》、《景公夜从晏子饮章》、《晏子之晋睹齐累越石父章》,卷六《景公欲更晏子宅章》,下皆有"君子曰"。卷五《景公使晏子予鲁地章》,则曰:"君子于鲁,而后知行廉辞地之可为重名也。"则系当时史家记事体例如此。《左氏》与此书,所本相同,所谓"各往往捃摭春秋之文以著书"也。《史记·十二诸侯年表》。然则《左氏》之"君子曰",与经义无涉,概可见矣。

此书以孙星衍校本为最便。吴鼒覆刻元本,前都有凡,每篇有章次题目,外篇每章有定著之故,足以考见旧式,亦可贵也。

墨 子

墨家宗旨：曰尚贤，曰尚同，曰兼爱，曰天志，曰非攻，曰节用，曰节葬，曰明鬼，曰非乐，曰非命，今其书除各本篇外，《法仪》则论天志；《七患》《辞过》为节用之说；《三辨》亦论非乐；《公输》阐非攻之旨；《耕柱》《贵义》《鲁问》三篇，皆杂记墨子之言。此外《经》上下、《经说》上下、大小《取》六篇为名家言，今所谓论理学也。《备城门》以下诸篇，为古兵家言。墨翟非攻而主守，此其守御之术也。《非儒》《公孟》两篇，专诘难儒家，而《修身》《亲士》《所染》三篇，实为儒家言。《修身》《亲士》二篇，与《大戴礼》曾子五事相表里。《当染》与《吕氏春秋·当染》篇同。《吕氏春秋》亦多儒家言。因有疑其非《墨子》书者。予案《淮南要略》，谓"墨子学儒者之业，受孔子之术，以为其礼烦扰而不悦，厚葬靡财而贫民，服伤而害事，故背周道而用夏政"，其说实为可据。见《辨梁任公阴阳五行说之来历》。又案《墨子·七患》篇引《周书》之解，实当作《夏箴》，见孙氏《间诂》，又《公孟》篇墨子距公孟之辞曰："子法周而未法夏也。"并墨子用夏道之证。今《墨子》书引《诗》、《书》之辞最多。予昔尝辑之，然但及其引《诗》《书》之文，及其本文确为佚诗佚书者，其与今文家经说同处，未能编辑，故尚未能写定。百家中唯儒家最重法古，故孔子之作六经，虽义取创制，而仍以古书为据。《墨子》多引《诗》、《书》既为他家所无；而其所引，又皆与儒家之说不背。即可知其学之本出于儒。或谓墨之非儒，谓其学"累世莫弹,穷年莫究",安得躬道之而躬自蹈之。殊不知墨之非儒,仅以与其宗旨相背者为限,见下。此外则未尝不同。且理固有必不能异者。《公孟》篇:"子墨子与程子辩,称于孔子。程子曰:'非儒,何故称于孔子也?'子墨子曰:'是亦当而不可易者也。今鸟闻热旱之忧则高,鱼闻热旱之忧则下,当此,虽禹、汤为之谋,必不能易矣。翟曾无称于孔子乎?'"又《贵义》篇:"子墨子南游使卫,载书甚多。弦唐子见而怪之,曰:'夫子教公尚过曰:揣世直而已。今夫子载书甚多,何也?'子墨子曰:'翟闻之:同归之物,信有误者,是以书多也。今若过之心者数逆于精微,同归之物,既已知其要矣,是以不教以书也。'"然则墨子之非读书,亦非夫读之而不知其要;又谓已知其要者,不必更读耳。非谓凡人皆不当读书也。其"三表"之说,即谓上本之古圣王之事,而安得不读书。其称引《诗》、《书》,又何怪焉?然则墨子之学,初出于儒,后虽立异,而有其异仍有其同者存,此三篇亦未必非《墨子》书矣。墨学与他家特异之处,及其长短,已见前。

墨家之书,《汉志》著录者,除《墨子》外,又有《尹佚》二篇、《田俅子》三篇、《我子》一篇、《随巢子》六篇、《胡非子》三篇。《隋》、《唐志》仅存《墨子》、《随巢子》、《胡非子》。《旧唐志》无《随巢子》。《宋志》则仅存《墨子》矣。《通志·艺文略》,《墨子》有《乐台注》。《晋书·隐逸传》载鲁胜《墨辩注叙》,今其书皆不传。墨子上说下教,文最浅俗,说本易通。徒以传授久绝,治其书者亦鲜。书中既多古言古字,又包名家、兵家专门之言,遂至几不可读。清毕沅始为之校注。其后治《墨子》者,亦有数家,孙诒让乃集其成,而成《墨子间诂》。而其书始焕然大明。然名家言,在中国久成绝学。孙氏创通其说,阙憾犹多。近人得欧洲名学,以相印证,而其说又有进。梁启超《墨经校释》,胡适《中国哲学史大纲》上卷中,涉墨学者,皆可读也。予所知又有张之锐《新考正墨经注》,刻于河南,惜未得读。《学衡杂志》载永嘉李氏笠《定本墨子间诂校补序》,则似仅写定而未刊行也。

《亲士》第一、《修身》第二、《所染》第三　此三篇皆儒家言,已见前。《所染》篇上半与《吕氏春秋·当染》篇同,而下半绝异。或以其所引事多出墨子之后,疑其非《墨子》书,然某子之标题,本只以表明学派,非谓书即其人所著,则此等处正不足疑矣。

《法仪》第四　此篇为天志之说。

《七患》第五　此篇论节用之义,兼及守御。

《辞过》第六　孙云:"此篇与《节用》篇文意略同。《群书治要》引并入《七患》篇,此疑后人妄分,非古也。"

《三辩》第七　此篇为非乐之说。篇中载程繁之问,与墨子之答,辞不相涉。今案此篇本有阙文,墨子答程繁之辞,盖亦有阙也。

《尚贤上》第八、《尚贤中》第九、《尚贤下》第十　凡《尚贤》、《尚同》等篇,文字皆极累重。盖墨子上说下教,强聒不舍,故其辞质而不文也。

《尚同上》第十一、《尚同中》第十二、《尚同下》第十三　三篇相复重,中最详,上最略。以中、上二篇相校,显见上篇有阙。尚同以天为极则,说与《天志》相通。尚同之义,或有訾其近于专制者。然刬灭异论固不可,而是非太无标准亦有害。战国时正值群言淆乱之际。所患者不在异论之不申,而在是非太无标准,令人无所适从。时势不同,未可以今人之见议古人也。且彼固主选贤以为长矣，是尚同亦即同于贤者也，而又何訾焉。

《兼爱上》第十四、《兼爱中》第十五、《兼爱下》第十六　亦三篇相复重，而上篇最略。兼爱为墨家之根本义，读《墨子》书，当一切以是贯通之。

《非攻上》第十七、《非攻中》第十八、《非攻下》第十九　亦首篇最略，但言其不义；中、下篇则兼言其不利，且多引古事。

《节用上》第二十、《节用中》第二十一、《节用下》第二十二　上篇校略，中篇校详。兼有及节葬之语。下篇亡。篇中欲限民昏嫁之年以求庶；以人力为生财之本，因节用而兼及之也。

《节葬上》第二十三、《节葬中》第二十四、《节葬下》第二十五　上、中皆阙。节葬之说，亦见《节用中》篇及《非儒》，宜参看。此篇言墨子所制葬法与禹同，亦墨子用夏道之证。

《天志上》第二十六、《天志中》第二十七、《天志下》第二十八　亦三篇相复重。以兼爱为天志而非攻。又云："无从下之政上，必从上之政下，夫为政于天子。"则其义又与尚同通也。

《明鬼上》第二十九、《明鬼中》第三十、《明鬼下》第三十一　上、中皆阙。论理并无足取。但引古事及夏、商、周之书以实之。案《论语》言"禹致孝乎鬼神"。据《礼记·祭法》，则严父配天，实始于禹；《汉志》谓墨家"宗祀严父，是以右鬼"，鬼者人鬼，明鬼盖亦夏教也。

《非乐上》第三十二、《非乐中》第三十三、《非乐下》第三十四　中、下皆阙。非乐之旨，太偏于实利；而其道大觳，使人不堪。故多为诸家所难。

《非命上》第三十五、《非命中》第三十六、《非命下》第三十七此篇谓言有三表。三表者,上本之古圣王之事,下察之百姓耳目之实,发为刑政,中百姓人民之利。今上篇之论,大致本之古圣王,中篇大致考之耳目之实,下篇则言为政也。然则其余分为三篇者,亦必有一区别。特今或偏亡,或编次混乱,遂不可见耳。非命之说,亦见《非儒》篇中,宜参看。

《非儒中》第三十八、《非儒下》第三十九　上篇亡。下篇所言,非其丧服及丧礼,以其违节葬之旨也。非其娶妻亲迎,以其尊妻侔于父,违尚同之义也。非其执有命,以神非命之说也。非其贪饮食,惰作务,以明贵俭之义也。非其循而不作,以与背周用夏之旨不合也。非其胜不逐奔,掩函弗射,以其不如非攻之论之彻底也。非其徒古其服及言,非其君子若钟,击之则鸣,弗击不鸣,以其无强聒不舍之风,背于贵义之旨也。盖墨之非儒如此,皆以与其宗旨不同者为限,原无害于其说之本出于儒矣。此外诋訾孔子之词,多涉诬妄,则诸子书述古事者类然,因其说出于传述,不能无误也。此诚不必皆墨子之言,亦不必遂非墨子之说。当时传其家之学者,或推衍师意而自立说;或祖述师言,存其意而易其辞,固不能一一分别。毕氏必辨为非墨子之言,殊可不必矣。非儒之论,亦见《耕柱》、《公孟》二篇,宜参看。

《经上》第四十、《经下》第四十一、《经说上》第四十二、《经说下》第四十三、《大取》第四十四、《小取》第四十五　以上六篇,皆名家言。《经说》即释《经》者。鲁胜注《墨辩叙》谓"《墨辩》有上、下《经》,《经》各有说,凡四篇",盖即指此。大、小《取》之取,孙诒让谓即取譬之取,盖是。六篇唯《小取》篇较易解,余皆极难解,宜参看近人著述,已见前。

《耕柱》第四十六、《贵义》第四十七　此两篇皆杂记墨子之言，论明鬼、贵义、非攻、兼爱等事。又有难公孟子非儒之言，疑《公孟》篇简错也。

《公孟》第四十八　此篇多非儒之论，皆墨子与公孟子，旗鼓相当。多与《非儒》复者。间有杂记墨子之言，与非儒无涉者。

《鲁问》第四十九　此篇多非攻之论，亦及劝学、贵义、明鬼。

《公输》第五十　此篇亦言非攻。

《□□》篇第五十一　亡。

《备城门》第五十二、《备高临》第五十三、《□□》第五十四、《□□》第五十五、《备梯》第五十六、《□□》第五十七、《备水》第五十八、《□□》第五十九、《□□》第六十、《备突》第六十一、《备穴》第六十二、《备蛾传》第六十三、《□□》第六十四、《□□》第六十五、《□□》第六十六、《□□》第六十七、《迎敌祠》第六十八、《旗帜》第六十九、《号令》第七十、《杂守》第七十一　自《备城门》至此，凡二十一篇。今亡五十一、五十四、五十五、五十七、五十九、六十、六十四、六十五、六十六、六十七，共十篇。诸篇皆专门家言，不易晓。读一过，就其可考者考之可也。凡读古书，遇不能解者，亦仍须读一过，不得跳过。以单词只义，亦有用处。且绝学复明，往往自一二语悟入也。今《墨子》目录，为毕氏所定。孙氏据明吴宽抄本，以《备城门》为五十四，《备高临》为五十五，册末吴氏《手跋》"本书七十一篇，其五十一之五十三、五十七、五十九之六十、六十四之六十七，篇目并阙"云云，是吴所据本，实如此也。

公 孙 龙 子

　　正名之学,浅言之,本为人人所共知,亦为百家所同题。盖欲善其事,必求名实相符,名实不符,事未有能善者。此固至浅之理,而亦不诤之论也。然深求之,则正有难言者。何者?名实之宜正为一事;吾之所谓名实者,果否真确,又为一事。前说固夫人所共喻,后说或皓首所难穷。使执正名之术以为治,而吾之所谓名实者,先自舛误,则南辕而北其辙矣。职是故,正名之学,遂分为二派。(一)但言正名之可以为治,而其所谓名实者,则不越乎常识之所知。此可称应用派,儒、法诸家是也。(一)则深求乎名实之原,以求吾之所谓名实者之不误,是为纯理一派,则名家之学是也。天下事语其浅者,恒为人人所共知;语其深者,则又为人人所共骇。此亦无可如何之事。故正名之理,虽为名家所共题;而名家之学,又为诸家所共非。孔穿谓"言臧两耳甚易而实是,言臧三耳甚难而实非";司马谈谓名家"专决于名而失人情",皆以常识难学人也。夫学术至高深处,诚若不能直接应用,然真理必自此而明。真理既明,而一切措施,乃无缪误。此固不容以常人之浅见相难矣。今名家之书,传者极少。《墨经》及《经说》,皆极简质,又经错乱,难读。此外唯见《庄子·天下》、《列子·仲尼》两篇,亦东鳞西爪之谈。此书虽亦难通,然既非若《墨经》之简奥,又非如《庄》、《列》之零碎,实可宝也。《汉志》十四篇，《唐志》三卷，今仅存六篇，盖已非完帙，《通志》载陈嗣古、贾士隐两注，皆不传。今所传者，为宋谢希深注。全系门外语，绝无足观。读者如欲深求，当先于论理学求深造；然后参以名家之说散见他书者，熟读而深思之也。

《跡府》第一　此篇先总叙公孙龙之学术。次叙龙与孔穿辩难，与《孔丛子》略同。俞樾曰："《楚辞·惜诵》注，所履为迹，迹与跡同。下诸篇皆其言，独此篇是实学一事，故谓之跡。府者，聚也，言其事跡具此也。"见《俞楼杂纂》。

《白马论》第二　此篇言白马非马，他书称引者最多。

《指物论》第三　此篇言："物莫非指，而指非指。""指也者，天下之所无也；物也者，天下之所有也。"案《庄子》"指穷于为。薪，火传也，不知其尽也"。历来注家，皆不得确释。今案《淮南·齐俗训》："至是之是无非，至非之非无是，此真是非也；若夫是于此而非于彼，非于此而是于彼者，此之谓一是一非也。此一是非，隅曲也；夫一是非，宇宙也。"言限于一时一地而言之，则是非如此，通于异时异地而言之，则又不然。《泛论训》："今世之为武者则非文也，为文者则非武也。文武更相非，而不知时世之用也。此见隅曲之一指，而不知八极之广大也。故东向而望，不见西墙；南面而视，不睹北方。唯无所响者，则无所不通。"以隅曲诘指，与宇宙及八极对言；则隅曲当作一地方，指字当作一方向解。庄子"指穷于为"四字当断句，言方向迷于变化耳。此篇之"指"字，亦当如此解。言人之认识空间，乃凭借实物；天下只有实物，更无所谓空间。破常人实物自实物、空间自空间之缪想耳。

《通变论》第四　此篇言"二无一"，"羊合牛非马，牛合羊非鸡。""青以白非黄,白以青非碧。"以同与。盖言统类之名,均非实有。

《坚白论》第五　此篇谓"视得白无坚,拊得坚非白",盖辨观念与感觉不同。

《名实论》第六　此篇述正名之旨,乃名学之用也。其言曰"天地与其所产,物也;物以物其所物而不过焉,实也;实以实其所实而不旷焉,位也。位其所位焉,正也。以其所正,正其所不正"云云,其说甚精。浅言之,则法家"综核名实"之治,儒家"名不正则言不顺,言不顺则事不成"之说;深言之,则"天地位,万物育"之理,亦寓乎其中已。故知诋名家为诡辩之学者,实诬词也。

管 子

《管子》一书,最为难解,而亦最错杂。此书《汉志》列道家,《隋志》列法家。今通观全书,自以道法家言为最多。然亦多兵家、纵横家之言,又杂儒家及阴阳家之语。此外又有农家言。《轻重》诸篇论生计学理,大率重农抑商,盖亦农家者流也。全书凡八十六篇,与《汉志》合,而亡其十。《四库提要》云:"李善注陆机《猛虎行》曰:江邃《释》引《管子》云:夫士怀耿介之心,不荫恶木之枝。恶木尚能耻之,况与恶人同处。今检《管子》,近亡数篇,恐是亡篇之内,而邃见之,则唐初已非完本矣。"又曰:"今考其文,大抵后人附会,多于仲之本书。其他姑无论,即仲卒于桓公之前,而篇中处处称桓公,其不出仲手,已无疑义矣。书中称《经言》者九篇,称《外言》者八篇,称《内言》者九篇,称《短语》者十九篇,称《区言》者五篇,称《杂篇》者十一篇,称《管子解》者五篇,称《管子轻重》者十九篇。意其中孰为手撰,孰为记其绪言,如语录之类;孰为述其逸事,如家传之类;孰为推其义旨,如笺疏之类;当时必有分别。观其五篇明题管子解者,可以类推。必由后人混而一之,致滋疑窦耳。"予案某子之标题,本只取表明其为某派学术,非谓书即其人所著。见前。《管子》之非出仲手,可以勿论。古书存者,大抵出于丛残缀辑之余,原有分别,为后人所混,亦理所可有。然古代学术,多由口耳相传。

一家之学，本未必有首尾完具之书。而此书错杂特甚，与其隶之道法，毋宁称为杂家；则谓其必本有条理，亦尚未必然也。今此书《戒》篇有流连荒亡之语，与孟子述晏子之言同。又其书述制度多与《周官》合。制度非可虚造，即或著书者意存改革，不尽与故事相符，亦必有所原本。此书所述制度，固不能断为管子之旧，亦不能决其非原本管子。然则此书盖齐地学者之言，后人汇辑成书者耳。《法法》篇有"臣度之先王"云云，盖治此学者奏议，而后人直录之。尹注以臣为管子自称，恐非。亦可见其杂也。此书多古字古言，又其述制度处颇多，不能以空言解释，故极难治。旧传房玄龄注，晁公武以为尹知章所记。《四库提要》云："《唐书·艺文志》，玄龄注《管子》不著录，而所载有尹知章注《管子》三十卷。则知章本未记名，殆后人以知章人微，玄龄名重，改题之以炫俗耳。"其注极浅陋，甚至并本书亦不相参校，以致误其句读，即随误文为释。前人已多议之。明刘绩有《补注》。今通行赵用贤校本，亦已择要列入。清人校释，除王念孙《读书杂志》、俞樾《诸子评议》外，又有洪颐煊《管子义证》、戴望《管子校正》、章炳麟《管子余义》三书，然不可通者尚多也。

《牧民》第一、《形势》第二　此两篇皆道、法家言，此书以道法家言为主。凡属道法家言者，以后即不复出。理精深而文简古。《形势》篇有解。

《权修》第三　此篇言用其民以致富强之术。此术谓之权。

《立政》第四　此篇凡八目，多关涉制度之言。其中九败有解。九败辟兼爱寝兵之说，可知为战国时物。

《乘马》第五　此篇为《管子》书中言制度者。篇中备述度地建国，设官分职，及赋民以业之法；可见古者立国之规模。而仍归其旨于无为，则道、法家言也。此篇难解。

《七法》第六　此篇为兵家言。"七法"及"四伤百匿"二目，言法为兵之本。"为兵之数"，言治兵之术。"沥陈"言用兵之术也。此篇但言胜一服百，而无兼并之谈，盖尚非战国时语。此篇亦难解。

《版法》第七　此篇言赏罚之道，亦难解。此篇有解。

《幼官》第八、《幼官图》第九以上《经言》。　此两篇为阴阳家言。盖本只有图，后又写伪书，故二篇相复。两篇皆难解。

《五辅》第十　此篇言王霸在人，得人莫如利之，利之莫如政。文明白易解，然仍简质。

《宙合》第十一　此篇先列举若干句，下乃具释之。案《管子》书中如此者多，盖经传别行之体。今其解释有在本篇之内者，有仍别行者。其仍别行者，如有解诸篇是也。即在本篇之内者，如此篇是也。此篇篇首诸语，盖一气相承，而以末句名其篇。注分为十三目，非也。此篇极精深而难解。其言"宙合有橐天地其义不传"云云，可见古哲学中之宇宙论。

《枢言》第十二　理精而文简质难解。

《八观》第十三　此篇言觇国之法。文极质朴，却不难解。

《法禁》第十四　此篇言法禁。其论法制不议，与李斯主张焚书之理颇同。种种防制大臣之术，亦必三家分晋，田氏篡齐之后，乃有是言，殆战国时物也。以下三篇，文皆朴茂，却不难解。

《重令》第十五　此篇言安国在尊君，尊君在行令，行令在严罚，说极武健严酷。案古言法术有别。言法者主商君，言术者宗申子。见《韩非子·定法》篇。今《商君书》颇乏精义。法术家言之精者，皆在管、韩二家书中。如此篇等者，盖皆主商君之法家言也。

《法法》第十六　此篇颇杂。其言"斗士食于功,小人食于力"。即壹民于农战之意。又云"令未布而民为之,不可赏罚"云云,则意与上篇同。又云"民未尝可与虑始,而可与乐成功",则商君变法之意。盖亦主商君之法家言也。篇中两云:"故《春秋》之记,有臣弑其君,子弑其父者。"又云:"政者,正也;正也者,所以正定万物之命也。是故圣人精德立中以生正,明正以治国。"又云:"巧者能生规矩,不能废规矩而正方圆。虽圣人能生法,不能废法而必治国。"又云:"凡民从上也,不从口之所言,从情之所好,上之所好,民必甚焉。"又云:"贤人之行其身也,忘其有名也;王主之行其道也,忘其成功也。"皆与儒家言相近。论废兵数语,与上下皆不贯,疑下篇错简。篇中有"臣度之先王者"云云,疑直录后人奏议。见前。此篇盖杂凑而成也。

《兵法》第十七以上《外言》。　此篇为兵家言,文极简质。

《大匡》第十八、《中匡》第十九、《小匡》第二十　此三篇皆记管子之事。其中《大匡》上半篇及《小匡》"宰孔赐胙"一段,与《左氏》大同,余皆战国人语,述史事多颇谬。盖传述管子之事者之辞。自《大匡》后半篇以下,其事大略一贯。大、中、小盖犹言上、中、下;因篇幅繁重,分为三篇耳。注释《大匡》曰:"谓以大事匡君。"盖谬。此三篇述史事不甚可据;而《中》、《小匡》中关涉制度之处颇多,足资考证。

《王言》第二十一　亡。

《霸形》第二十二　此篇记管仲、隰朋说桓公之事,多与他篇复。其文则战国时之文也。《霸言》篇说理颇精,而此篇无甚精义,疑原文已亡,而后人以杂说补之也。

《霸言》第二十三　此篇多纵横家及兵家言，其文亦战国时之文。

《问》第二十四　此篇列举有国者所当考问之事，可见古者政治之精密。文亦简质。

《谋失》第二十五　亡。

《戒》第二十六_{以上《内言》}。　此篇与儒家言相似处最多。其文亦战国时之文也。

《地图》第二十七、《参患》第二十八、《制分》第二十九　此三篇皆兵家言。其文则战国时之文也。《参患》篇与晁错《言兵事书》多同，盖古兵家言而错引之。

《君臣上》第三十、《君臣下》第三十一　此两篇言君臣之道，道法家言为多，间有似儒家言处。其文亦战国时人之文。

《小称》第三十二　此篇论敬畏民喦之理，文颇古质。末记管仲戒桓公勿用易牙、竖刁等事，与《戒》篇大同小异，与上文全不贯，盖亦他篇错简。

《四称》第三十三　此篇记恒公问有道无道之君及臣而管子对，文颇古质。

《正言》第三十四　亡。

《侈靡》第三十五　此篇极难解。且与侈靡有关之语少，而篇幅极长。盖亦杂凑而成也。末段章氏《管子余义》以为谶。

《心术上》第三十六、《心术下》第三十七　两篇皆言哲学，文颇简质。

《白心》第三十八　此篇亦言哲学，文简质难解。

《水地》第三十九　此篇文尚易解，语多荒怪；然颇有生物学家言,亦言古哲学者可宝之材料也。

《四时》第四十、《五行》第四十一　此两篇为阴阳家言。

《势》第四十二　此篇为道家言,文极简质。

《正》第四十三　此篇言道德法政刑相一贯之理。道家之精谊也。

《九变》第四十四以上《短语》。　此篇为兵家言,文尚易解。

《任法》第四十五、《明法》第四十六、《正世》第四十七　此三篇皆法家言,文皆明白易解。《明法》有解。

《治国》第四十八　此篇言重农贵粟之理,明白易解。

《内业》第四十九以上《区言》。　此篇盖言治心之法,故曰内业,多道家言,偶有与儒家言类处,又似有杂神仙家言处。文简质难解。

《封禅》第五十　注云:"元篇亡,今以司马迁《封禅书》所载管子言补之。"

《小问》第五十一　此篇首节言兵,次节言牧民;此外皆记杂事,无甚精义,而颇涉怪迂。

《七臣七主》第五十二、《禁藏》第五十三　此两篇亦法家言,而甚杂。两篇各有一节为阴阳家言,与《幼官》、《四时》、《五行》相出入,盖亦他篇简错也。

《入国》第五十四　此篇言九惠之政,文甚明白。

《九守》第五十五　此篇言君人所当守。文简质,然易解。

《桓公问》第五十六　此篇言啧室之议,颇合重视舆论之意。文亦明白。

《度地》第五十七　此篇言建国之法,于治水最详。"冬作土功,夏多暴雨"云云,亦阴阳家言。先秦学术,虽不尚迷信;然哲学原出宗教,故各种学术,多与阴阳家言相杂也。

《地员》第五十八　此篇言地质及所宜之物,农家言也。专门之学,殊不易解。

《弟子职》第五十九　此篇记弟子事先生之礼,皆四言韵语。盖《曲礼》、《少仪》之类,与《管子》书全无涉,亦可见《管子》书之杂也。此篇庄述祖有《集解》,别为单行本一卷。

《言昭》第六十、《终身》第六十一、《问霸》第六十二以上《杂篇》、《牧民解》第六十三　以上四篇皆亡。

《形势解》第六十四、《立政九败解》第六十五、《版法解》第六十六、《明法解》第六十七以上《管子解》。　以上四篇为解与原文别行者。文皆明白易晓。尹注疑为韩非《解老》之类,吾谓《解老》亦未必韩非所作,盖《老子》书本有此传耳。

《臣乘马》第六十八、《乘马数》第六十九、《问乘马》第七十、《事语》第七十一、《海王》第七十二、《国蓄》第七十三、《山国轨》第七十四、《山权数》第七十五、《山至数》第七十六、《地数》第七十七、《揆度》第七十八、《国准》第七十九、《轻重甲》第八十、《轻重乙》第八十一、《轻重丙》第八十二、《轻重丁》第八十三、《轻重戊》第八十四以上皆《管子》中所谓《轻重》之篇。其中亡第七十及八十二两篇。诸篇文字,大致明白,而亦间有难解处。所言皆生计学理。大致可分为三端:(一)畜藏敛散,(二)盐铁山泽,(三)制民之产。盖法者正也,正之义必有取于平,而致民之不平,莫大贫富之悬隔。故法家欲以予夺贫富之权,操之于上。其言最与近世之所谓国家社会主义者近。此义未必可行于今,然不得以此议古人。盖今日之中国为大国,而古者则分为小邦；自汉以后，政治久取放任，而古代则习于干涉，国家之权力较大也。**此盖东周以后，井田之制大坏，私人所营工商之业勃兴而后有之**。吾国古代小国小部落并立，皆行共产之制。其后虽互相吞并，此制犹有存者。故有横征厚敛之暴君污吏，而无豪夺巧取之富人大贾。至春秋以后，其制乃大变。其说甚长，一时难遍疏举。欲知其略，可看《史记·货殖列传》及《汉书·食货志》。**观其所引之事，及于越、梁二国，即可知其为战国时物矣**。

《轻重己》第八十五以上《管子·轻重》。　此篇以《轻重》名，而皆阴阳家言，盖误入《轻重》也。

韩 非 子

刑名法术，世每连称，不加分别，其实非也。刑名之刑，本当作形，形者，谓事物之实状，名则就事物之实状加以称谓之谓也。凡言理者，名实相应则是，名实不相应则非；言治者名实相应则治，不相应则乱。就通常之言论，察其名实是否相应，以求知识之精确，是为名家之学。操是术以用诸政治，以综核名实，则法家之学也。故"形名"二字，实为名、法家所共审；而"名法"二字，亦可连称。"法术"二字，自广义言之，法盖可以该术，故治是学者，但称法家。若分别言之，则仍各有其义。法者，所以治民；术者，所以治治民之人。言法者宗商君，言术者祖申子。见本书《定法》篇。法家之学，世多以刻薄訾之。其实当东周之世，竞争既烈，求存其国，固不得不以严肃之法整齐其民。且后世政治，放任既久，君主之威权不能逮下，民俗亦日益浇漓。故往往法令滋章，则奸诈益甚；国家愈多所兴作，官吏亦愈可借以虐民。在古代国小民寡，风气醇朴之时，固不如是。天下无政治则已，既有政治，即不能无治人者与治于人者之分；然同是人也，治于人者固须治，岂得谓治人者，即皆自善而无待于治？今世界各国，莫不以治人者别成一阶级为患。其所谓利，上不与国合，下不与民同。行政官吏然，民选立法之议会，亦未尝不然。世界之纷扰，由于治于人者之蠢愚者，固不能免；出于治人者之狡诈昏愚，嗜利无耻者，殆有甚焉。术家之言，固犹不可不深长思也。韩非谓言法者宗商君，言术者祖申子。今《申子》书已不传。世所传《商君书》，虽未必伪，然偏激太甚，而精义顾少，远不逮《管》、《韩》二书。道、法二家，关系最切。原本道德之论，《管子》最精；发挥法术之义，《韩非》尤切。二书实名、法家之大宗也。

《韩非》书《汉志》五十五篇，《隋》、新、旧《唐书》、《宋史·志》二十卷，皆与今本符。《唐志》有尹知章注，今亡。今所传注之何犿，谓出李瓒。《太平御览》、《事类赋》、《初学记》诸书已引之，则其人当在宋前，然其注颇不备，且有舛误。何犿本刻于元至元三年，明赵用贤以宋本校之，知有缺脱。用贤刻本，与明周孔教大字本同。《四库》据周本著录，而校以赵本。然赵本实多误改。清吴鼒得朱乾道刻本，为赵本所自出。顾广圻为校，而鼒刻之。顾氏《识误》三卷，刻原书之后。顾氏而外，卢文弨、王念孙、俞樾，于是书亦有校识。长沙王先慎合诸家校释，而成《韩非子集解》一书，实最便观览也。

《初见秦》第一　此篇见《战国策》，为张仪说秦惠王之词，盖编韩子者误入之。司马光以此讥非欲覆宗国，非也。

《存韩》第二　此篇载非说秦毋攻韩。次以李斯驳议，请身使韩。秦人许之。斯遂使韩，未得见，因上书韩王。盖编《韩子》者，存其事以备考也。

《难言》第三　此篇即《说难》之意。

《爱臣》第四　此篇言人君防制其臣之术，术家言也。

《主道》第五　此篇言人君当虚静无为，以事任人。可见法家言之原出于道。

《有度》第六　此篇言君当任法以御下，多同《管子·明法》篇。

《二柄》第七　此篇言刑、德为制臣之二柄，不可失。又言人君不可以情借臣，当去好恶而任法。

《杨榷》第八　此篇言无为之旨，君操其名，而使臣效其形；去智巧，勿授人以柄。可见刑名法术，皆原于道。此篇十之九为四言韵语，盖法家相传诵习之词也。

《八奸》第九　此篇言人臣所以成奸者有八术，亦术家言。

《十过》第十　此篇无甚精义。

《孤愤》第十一　此篇言智能法术之士，与权奸不两立；智能法术之士恒难进，然权奸之利实与人主相反，术家之精言也。

《说难》第十二　此篇先陈说之难，继言说之术，极精。

《和氏》第十三　此篇言法术为人臣士民所同恶，可见"法"之与"术"，虽名异而理实相通。

《奸劫弑臣》第十四　此篇言君以同是非说其臣，于是臣以是欺其主，而下不得尽忠，故必参验名实。次节言学者不知治乱之情，但言仁义惠爱，世主不察，故法术之士无由进。皆言用人之术，亦术家言也。末节"厉磷王"，《国策》、《荀子》，皆作荀子答春申君书。

《亡征》第十五　此篇列举可亡之事，而曰："亡征者，非曰必亡，言其可亡也。"乃自下"亡征"二字之界说也。

《三守》第十六　（一）戒漏言，（二）戒假威，（三）戒不自治事而假手于人，亦术家言。

《备内》第十七　此篇言人臣之于君，非有骨肉之亲。故窥觇其君无已时；而后妃太子，亦利君之死，故有因后妃太子以成其奸者。看似刻核，然于后世权奸宫闱之祸，若烛照而数计。其见理明，故其说事切也。大抵人类恶浊之性，恒人不甚乐道出，而法术家务揭举之，故常为世所訾；然其说理则甚精，而于事亦多验，固不可不措意矣。又言王良爱马，为其可以驰驱；勾践爱人，乃欲用以战斗。则法家刻酷之论矣。建国原以为民；欲保国者，有时原不能曲顾人民；然若全忘人民之利益，视若专供国家之用者然，则流连而忘本矣。此则法家之失也。

《南面》第十八　此篇言人君当任法以御臣，不可任甲以备乙，亦术家言也。末节言变法之理甚精。

《饰邪》第十九　此篇主明法以为治，戒信龟策，恃外援，可考见战国时迷信及外交情形。

《解老》第二十　此篇皆释《老子》之言，义甚精，然非必《老子》本意。盖治学问者，原贵推广其意，以应百事，韩婴之作《诗外传》即如此。凡古书之有传者，实皆如此也。

《喻老》第二十一　上篇释《老子》之意，此篇则举事以明之。

《说林上》第二十二、《说林下》第二十三　此篇列举众事，借以明义。《史记索隐》谓其多若林，故曰《说林》也。此可见古人"多识前言往行以畜其德"之义。

《观行》第二十四、《安危》第二十五、《守道》第二十六、《用人》第二十七、《功名》第二十八、《大体》第二十九　以上六篇，皆法术家言。大体篇亦及因任自然之旨，与道家言通。篇幅皆短。

《内储说上》第三十、《内储说下》第三十一、《外储说左上》第三十二、《外储说左下》第三十三、《外储说右上》第三十四、《外储说右下》第三十五　《内外储说》，皆言人主御下之术，乃法术家言之有条理者。其文皆先经后说，可见古者经传别行之体。

《难一》第三十六、《难二》第三十七、《难三》第三十八、《难四》第三十九　一至三皆述古事而难之；四则既难之后，更有难难者之语。剖析精微，可见法术家综核名实之道。

《难势》第四十　难任势为治之论。

《问辨》第四十一　非民以学议法，李斯焚书之理如此。

《问田》第四十二　此篇言法家不惮危身以婴暗主之祸。案战国之时，大臣跋扈，率多世禄之家。游说之士虽盛，然多出自疏远，能执国之柄者盖少。故韩非发愤屡言之，术家言之所由兴也。

《定法》第四十三　此篇言法与术之别。

《说疑》第四十四　此篇亦言人主御臣之术，多引古事以明之。

《诡使》第四十五　此篇言利与威与名，所以为治，然真能用之者少。

《六反》第四十六　此篇举奸伪无益之民六，谓其皆足以毁耕战有益之民。又辟轻刑。《商君书》之精义，已具于此及《五蠹》、《饬令》、《制分》三篇。

《八说》第四十七　此篇举匹夫之私誉，而为人主之大败者八事。又言法令必人人所能。古者人寡而物多，故轻利而易让；后世生计穷蹙，则不能。然天下无有利无害之事，但在权其大小。治国者不可恃爱。皆法术家之精论。

《八经》第四十八　（一）凡治天下，必因人情。人情有好恶，故赏罚可用。（二）力不敌众，智不尽物，与其用一人，不如用一国。故君当用人之智，而不自任其力。（三）言臣主异利。（四）言参伍之道。（五）言明主务周密。（六）言参听及言必责实之道。（七）言宠必在爵,利必在禄。(八)言功名必出于官法,不贵法外难能之行。亦法术家极精之论。

《五蠹》第四十九　　此篇言圣王不期修古,不法常可;论世之事,因为之备。即商君变法之旨。又言文学非急务,取譬于糟糠不饱者不务粱肉,短褐不完者不待文绣。可见法术家言,虽刻核而重实利,然自为救时之论,非谓平世亦当如此也。篇末辟纵横之士,谓其徒务自利。此外大旨与上篇同。

《显学》第五十　　此篇辟儒、墨,亦精。

《忠孝》第五十一　　此篇非尚贤。

《人主》第五十二　　此篇戒大臣太贵,左右太威,亦术家言。

《饬令》第五十三　　此篇言人君任人当以功,而不可听其言。又主重刑厚赏,利出一孔。与《商君书·靳令》篇同。《商君书》亦有作《饬令》者。

《心度》第五十四　　此篇言圣人之治民,不从其欲,期于利之而已。其说甚精,可见法家之治,虽若严酷,而其意实主于利民,而尤足为民治时代之药石。盖求利是一事,真知利之所在,又是一事;人民自主张其利益者,往往不知利之所在,欲求利而适得害。故先觉之言,不可不察也。

《制分》第五十五　　此篇言相坐之法,亦商君所以治秦也。

商 君 书

《汉志》:法家,《商君书》二十九篇。《隋》、新旧《唐志》皆五卷。《通志》谓二十九篇亡其三,《直斋书录解题》谓二十八篇亡其一。严万里得元刻本,凡二十六篇,而中亡其二,实二十四篇。《史记·商君列传》:"太史公曰:余读商君《开塞》《耕战》书,与其人行事相类。"《索隐》:"案《商君书》:开谓刑严峻则政化开,塞谓布恩惠则政化塞,其意本于严刑少恩。又为田开阡陌,及言斩敌首赐爵,是耕战书也。"所释开塞之义,与今书《开塞》篇不合。晁公武谓司马贞未尝见其书,妄为之说。今案开塞耕战,盖总括全书之旨,或太史公时《商君书》有此名。非专指一两篇。《索隐》意亦如此,晁氏自误解也。《尉缭子·兵教下》:"开塞,谓分地以限,各死其职而坚守。"此"开塞"二字古义。《索隐》庸或误释,然谓其未见《商君书》固非。或又以与《索隐》不合而疑今书为伪,亦非也。今《商君书》精义虽不逮《管》、《韩》之多,然要为古书,非伪撰;全书宗旨,尽于"一民于农战"一语。其中可考古制,及古代社会情形处颇多,亦可贵也。此书有朱师辙《解诂》,最便观览。

《更法》第一　此篇记孝公平画,公孙鞅、甘龙、杜挚三大夫御于君。鞅主变法,甘龙、杜挚难之。孝公从鞅。与《史记·商君列传》大同。

《垦令》第二　此篇主抑商废学以重农,说多偏激。

《农战》第三　此篇言官爵者,人主所以劝民,而国以农战兴。当使民求官爵以农战。又论绝学及去商贾技艺。

《去强》第四　此篇主峻刑法。金粟互生死一节,亦涉及生计。

《说民》第五　此篇亦主严刑重农战之论。其云"家断有余,官断不足,君断则乱",则言人臣当各举其职,人君不可下侵臣事,法家多重"乡治"由此。

《算地》第六　此篇言任地之法,亦及重刑赏以"一民于农战"之意。

《开塞》第七　此篇首为原君之论。其言以乱而求立君,颇合欧西民权论中之一派。下为主严刑之论。

《壹言》第八　此篇言尚农战,下辩说、技艺,绝游学,杜私门。又言不法古,不修今,因势而治,皆与他篇互见。

《错法》第九　此篇论赏罚。

《战法》第十、《立本》第十一、《兵守》第十二　三篇皆论兵事。多阙误,难读。

《靳令》第十三　此篇言任人当以功,不当以言。又言重刑轻赏,利出一孔。《去强》篇曰:"虱官者六:曰岁,曰食,曰美,曰好,曰志,曰行。"此篇又曰:"六虱:曰礼乐,曰诗书,曰修善,曰孝弟,曰诚信,曰贞廉,曰仁义,曰非兵,曰羞战。国有十二者,上无使农战,必贫至削。十二者成群,此谓君之治不胜其臣,官之治不胜其民。此谓六虱胜其政也。"其词错乱,未知其说。此篇同《韩非子·饬令》篇。本书标题,亦有作《饬令》者。

《修权》第十四　此篇言国所以治者三:(一)曰法,(二)曰信,

（三）曰权。法与信，君臣所共，权，君之所独。又曰："尧舜之位天下也，非私天下之利也，为天下位天下也；三王五霸，非私天下之利也，为天下治天下。今则不然。公私之交，存亡之本也。"亦廓然大公之论。

《徕民》第十五　此篇言秦患土满，三晋反之；当利其田宅，复其身，以徕三晋之民。颇有精论。

《刑约》第十六　亡。

《赏刑》第十七　此篇言圣人之为国也，壹赏，壹刑，壹教。壹赏谓利禄官爵，专出于兵；壹刑谓刑无等级，壹教谓富贵之门专于战。

《画策》第十八　此篇言胜敌必先自胜，亦主壹民于战。

《境内》第十九　此篇言户籍及军爵。

《弱民》第二十　此篇言民强则国弱，民弱则国强，乃以人民为国家机械之论。

《□□》第二十一　亡。

《外内》第二十二　此篇言重农战之理。

《君臣》第二十三　此篇言君不可释法，亦及重农战之论。

《禁使》第二十四　此篇主势治。

《慎法》第二十五　此篇言人主御下之术。"使吏非法无以守，则虽巧不得为奸；使民非战无以效其能，则虽险不得为诈"二语，乃一篇主旨也。

《定法》第二十六　此篇言立法行法及司法之官吏，可以考见古制。

尹　文　子

　　此书言名法之义颇精，然文甚平近，疑经后人改窜矣。按《汉志》，《尹文子》一篇，《隋志》二卷。《四库提要》云："前有魏黄初末山阳仲长氏序，称条次撰定，为上、下篇。《文献通考》著录作二卷。此本亦题《大道上》篇、《下》篇，与序文相符，而通为一卷。盖后人所合并也。序中所称熙伯，盖缪袭之字。其山阳仲长氏，不知为谁。李淑《邯郸书目》以为仲长统。然统卒于建安之末，与所云黄初末者不合。晁公武因此而疑史误，未免附会矣。"案四库著录之本，与今通行本同。此序恐系伪物。《群书治要》引此书，上篇题《大道》，下篇题《圣人》，与今本不合，则今本尚定于唐以后也。今本两篇，精要之论，多在上篇中。然上篇实包含若干短章，因排列失次，其义遂不易通。盖条次撰定者，于此学实未深造，此篇盖《汉志》之旧。其文字平近处，则后人所改。下篇由杂集而成，盖后人所附益，非汉时所有。故《汉志》一篇，《隋志》顾二卷也。今略料拣上篇大意于下。学者依此意分节读之，便可见此书之意矣。

　　此书之旨，盖尊崇道德，故谓道贵于儒、墨、名、法，非法术权势之治，所得比伦。夫所贵于道者，为其能无为而治也；无为而治，非不事事之谓，乃天下本无事可为之谓；天下所以无事可为者，以其治也，天下之所以治，以物各当其分也。盖天下之物，固各有其分；

物而各当其分，则天下固已大治矣。然此非可安坐而致，故必借法以致之。所谓"道不足以治则用法，法不足以治则用术，术不足以治则用权，权不足以治则用势；势用则反权，权用则反术，术用则反法，法用则反道"也。夫权与术与势，皆所以行法；法则所以蕲致于道也。法之蕲致于道奈何？曰：使天下之物，各当其份而已。然非能举天下之物，为之强定其份，而使之守之也。能使之各当其固有之份而已。所谓"圆者之转，非能转而转，不得不转；方者之止，非能止而止，不得不止。故因贤者之有用，使不得不用；因愚者之无用，使不得用"也。夫如是，则"形以定名，名以定事"之术，不可不讲矣。天下万事，不可备能；责其备能于一人，贤者其犹病诸。今也，人君以一身任天下之责，而其所操者，不过"形以定名，名以定事"之一事，不亦简而易操乎。故曰"以简治烦惑，以易御险难；万事皆归于一，百度皆准于法；归一者简之至，准法者易之极"也。夫任法之治，固尚未能合道。所谓"法行于世，则贫贱者不敢怨富贵，富贵者不敢陵贫贱；愚弱者不敢冀智勇，智勇者不敢鄙愚弱。道行于世，则贫贱者不怨，富贵者不骄；愚弱者不慑，智勇者不陵"是也。然必先合于法，而后可以蕲至于道；欲蕲至于道者，必先行法；则断然矣。而欲定法则必先审形名，此形名之术所以为致治之要也。上篇之大旨如此。此篇虽经后人重定，失其次序，亦或有阙佚。其文字疑亦有改易，然诸书言形名之理，未有如此篇之明切者，学者宜细观之。"形名"二字，本谓因形以定名。后世多误为刑名，失之。释"形名"二字之义者，亦唯此书最显。

又此书上篇，陈义虽精，然亦有后人窜入之语。如"见侮不辱，见推不矜；禁暴寝兵，救世之斗"，乃庄子论尹文语，此篇袭用之，而与上下文意义，全不相涉。即其窜附之证。盖古人之从事辑佚者，不肯如后人之逐条分列，必以己意为之联贯。识力不及者，遂至首尾衡决，亦非必有意作伪也。下篇则决有伪窜处。如"贫则怨人，贱则怨时"一节，断非周、秦人语，亦全非名家之义也。

慎　子

此书亦法家者流，而阙佚殊甚。《汉志》法家："《慎子》四十二篇。名到。先申、韩，申、韩称之。"《史记·孟荀列传》："慎到，赵人。田骈、接子，齐人。环渊，楚人。皆学黄、老道德之术。因发明序其指意。故慎到著《十二论》，环渊著《上下篇》，而田骈、接子，皆有所论焉。"《集解》："徐广曰：今《慎子》刘向所定，有四十一篇。""一"系误字，《汉志》法家篇数可证。《正义》："《慎子》十卷，在法家，则战国时处士。"按荀子谓"慎子蔽于法而不知贤"，又谓"慎子有见于先，无见于后"。谓其物来顺应，更无他虑，即《庄子》"不师知虑，不知前后"之意，非谓其知进而不知退也。庄子以慎到与彭蒙、田骈并称，谓其"弃知去己，而缘不得已。笑天下之尚贤，非天下之大圣。不师智虑，不知前后；推而后行，曳而后往。曰：至于若无知之物而已。豪杰相与笑之。曰：慎到非生人之行，而死人之理也"。观荀、庄二子之论，其学实合道、法为一家。故《史记》谓其学黄、老道德之术，《汉志》以其书隶法家也。《韩子·难势》篇、《吕览·慎势》篇引慎到语，皆法家之言。其书《唐志》十卷，与《史记正义》合。《崇文总目》三十七篇，校《汉志》已损其五。王应麟谓唯有《威德》、《因循》、《民杂》、《德立》、《君人》五篇，与今本合。然今本每篇皆寥寥数行，《四库》谓又出后人捃摭，非振孙所见之旧已。

然如《威德》篇谓"古者立天子而贵之，非以利一人也。曰：天下无一贵，则理无由通，通理以为天下也。故立天子以为天下，非立天下以为天子也"。可见法家虽尊君权，实欲借以求治，非教之以天下自私。又如《因循》篇谓："因则大，化则细。因也者，因人之情也。人莫不自为也，化而使之为我，则莫可得而用。"此"化"字实为《老子》"化而欲作"之"化"字之确诂。虽阙佚，亦可宝也。

邓　析　子

　　此书《汉志》二篇，在名家。《隋志》一卷，《四库提要》云："今本仍分《无厚》、《转辞》二篇，然其文节次不相属，似亦掇拾之本也。"又云："圣人不死，大盗不止一条，其文与《庄子》同，或篇章浅缺，后人摭《庄子》以足之欤？"愚案此书有采掇先秦古书处，又有后人以己意窜入处。核其词意，似系南北朝人所为。如"在己为哀，在他为悲"、"患生于宦成，病始于少瘳，祸生于懈慢，孝衰于妻子"等，皆决非周、秦人语也。伪窜处固已浅薄，采掇古书处亦无精论，无甚可观。

吕氏春秋

《吕氏春秋》，为杂家之始。毕沅所谓"书不成于一人，不能名一家者，实始于不韦，而《淮南》内、外篇次之"是也。《史记·吕不韦传》，谓不韦使其客人人著所闻，集论以为《八览》、《六论》、《十二纪》，"号曰《吕氏春秋》"；而《自序》及《汉书·司马迁传》载迁《报任安书》，又云："不韦迁蜀，世传《吕览》。"案《序意》云："维秦八年，岁在涒滩。"是时不韦未徙，故有议史公之误者。然史公本谓世传《吕览》，不谓不韦迁蜀而作《吕览》也。据《本传》"号曰《吕氏春秋》"之语，则四字当为全书之名，故《汉志》亦称《吕氏春秋》。然编次则当如梁玉绳初说，先《览》后《论》，而终之以《纪》。世称《吕览》，盖举其居首者言之。《序意》在《十二纪》之后，尤其明证。毕氏沅《礼运注疏》，谓以《十二纪》居首，为《春秋》之所由名；说本王应麟，见《玉海》。《四库提要》谓唐刘知幾作《史通》，《自序》在《内篇》之末、《外篇》之前，因疑《纪》为内篇，《览》与《论》为外篇、杂篇；皆非也。《礼运》郑注，本无吕氏以《春秋》名书，由首《十二纪》之意。古人著书，以"春秋"名者甚多，岂皆有《十二纪》以为之首邪？古书《自序》，例在篇末；《吕览》本无内、外、杂篇之名，何得援唐人著述，凿空立说乎？此书合《八览》、《六论》、《十二纪》，凡二十六篇。自《汉志》以下皆同。庾仲容《子抄》、陈振孙《书录解题》、《史记索隐》作三十六，

"三"盖误字；《文献通考》作"二十"，则又脱"六"字也。《玉海》引王应麟，谓"《书目》，是书凡百六十篇"。与今本篇数同。卢文弨曰："《序意》旧不入数，则尚少一篇。此书分篇，极为整齐，《十二纪》纪各五篇，《六论》论各六篇，《八览》当各八篇。今第一览止七篇，正少一。考《序意》本明《十二纪》之义，乃末忽载豫让一事，与《序意》不类。且旧校云一作'廉孝'，与此篇更无涉，即豫让亦难专有其名。因疑《序意》之后半篇俄空焉；别有所谓《廉孝》者，其前半篇亦简脱，后人遂相附合，并《序意》为一篇，以补总数之阙。然《序意》篇首无'六曰'二字，后人于目中专辄加之，以求合其数，而不知其迹有难掩也。"案卢说是也。予谓此书篇数，实止廿六。今诸《览》、《论》、《纪》又各分为若干篇，亦后人所为，非不韦书本然也。此书诸《览》、《论》、《纪》，义皆一线相承。说见后。固无取别加标题。《四库提要》谓"惟夏令多言乐，秋令多言兵，似乎有义，其余绝不可晓"，缪矣。

此书虽称杂家，然其中儒家言实最多。今人指为道家言者，实多儒、道二家之公言，参看论《淮南子》处。《四库提要》谓其"大抵皆儒家言"，实为卓识。案《书大传》："古者诸侯始受封，则有采地。其后子孙虽有罪黜，其采地不黜，使其子孙贤者守之，世世以祠其始受封之人。此之谓兴灭国，继绝世。"《史记·秦本纪》庄襄王元年："东周君与诸侯谋秦，秦使相国吕不韦诛之。尽入其国。秦不绝其祀，以阳人地赐周君，奉其祭祀。"即兴灭国、继绝世之义也。史又称是年"大赦罪人，修先王功臣，施德，厚骨肉，而布惠于民"。亦必不韦所为。不韦其能行儒家之义矣。不韦进身，诚不由正，然自非孔、孟，孰能皆合礼义？伊尹负鼎，百里自鬻，王霸之佐，皆有之矣。高似孙曰：

"始皇不好士,不韦则徕英茂,聚畯豪,簪履充庭,至以千计。始皇甚恶书也,不韦乃极简册,攻笔墨,采精录异,成一家言。《春秋》之言曰:十里之间,耳不能闻;帷墙之外,目不能见;三亩之间,心不能知。而欲东至开晤,南抚多鹦,西服寿靡,北怀儋耳,何以得哉?此所以讥始皇也。"方孝孺亦称其书"诋訾时君为俗主,至数秦先王之过无所惮"。夫不韦著书,意在"备天地万物古今之事",《史记》本传语。原不为讥切一时。然其书立论甚纯,而不韦又能行之。使秦终相不韦,或能行德布化,以永其年,不至二世而亡,使天下苍生,亦蒙其荼毒,未可知也。今此书除儒家言外,亦存道、墨、名、法、兵、农诸家之言。诸家之书,或多不传,传者或非其真,欲考其义,或转赖此书之存焉,亦可谓艺林瑰宝矣。要之不韦之为人,固善恶不相掩,而其书则卓然可传。讥其失而忘其善,已不免一曲之见,因其人而废其书,则更耳食之流矣。

此书注者,唯有高诱。其注误处甚多。《史记》谓不韦书成,"布咸阳市门,县千金其上,延诸侯游士宾客,有能增损一字者予千金"。高注多摘其书误处,谓扬子云恨不及其时,车载其金。见《慎人》、《适威》二篇注。殊不知古人著书,重在明义;所谓误不误者,但就论道术之辞言之,非斤斤计较于称引故实之间也。高引扬雄语以诋吕氏,毕沅即摘高注误处,转以是语相讥,宜矣。近人孙德谦云:注此书已成,然未刊布。今通行者,仍为毕沅校本。

《孟春纪》《十二纪》皆与《礼记·月令》大同。按此所述,为古明堂行政之典。《淮南·时则训》、《管子·幼官图》,皆是物也。此盖同祖述古典。参看论《墨子》处自明。或以《吕览》载之,疑为秦法,误矣。

《孟春纪》 下标目凡四：曰《本生》，言养生之理。曰《重己》，言人当顺性之情。使之不顺者为欲，故必节之。曰《贵公》，曰《去私》，义如其题。盖天下之本在身，春为生长之始，故《孟春》、《仲春》、《季春》三《纪》之下，皆论立身行己之道。而《孟春纪》先上本之于性命之精焉。诸《览》、《论》、《纪》下之分目，虽后人所为，亦便识别。故今皆仍之，而又说明其一线相承之义，以见此书编次之整齐焉。

《仲春纪》 下亦标四目：曰《贵生》，义与《庄子·让王》篇同。又云："全生为上，亏生次之，死次之，迫生为下。"此言生活贵有意义，尊生者非苟全其生命之谓，其说极精；后世神仙家言之自托于道家者，乃徒欲修炼服饵，以求长生，其说不攻而自破矣。曰《情欲》，言欲有情，情有节，圣人修节以止欲，故不过行其情。此情字当作诚字解，今所谓真理也。不主绝欲而务有节，实儒家精义。曰《当染》，前半与《墨子·所染》篇同，而后文议论处异。又云："古之善为君者，劳于任人，而佚于官事。"盖因私人交友之道，而及人君用人之方也。曰《功名》，言立功名必以其道，不可强为。

《季春纪》 下标四目：曰《尽数》，言自然之力，莫不为利，莫不为害，贵能察其宜以便生，则年寿得长。又云："长也者，非短而续之也，毕其数也。"此可见求长生之谬矣。曰《先己》，亦言贵生之理。反其道而身善，治其身而天下治，是为无为；可见所谓无为者，乃因任自然，而不以私意妄为之谓，非谓无所事事也。曰《论人》，前半言无为之理，后半言观人之法。曰《圜道》，言天道圜，地道方，各有分职；主执圜，臣处方，贵各当其职。《仲春》、《季春》二纪，因修己之道，旁及观人用人之术，而极之于君臣分职之理。

《孟夏纪》 下标四目：曰《劝学》，曰《尊师》，义如其题。《尊师》

篇可考古者弟子事师之理。曰《诬徒》,言教学当反诸人情,即人性之本然。极精。曰《用众》,言取人之长,以补己之短。其曰:"吾未知亡国为主,不可以为贤主也。其所生长者不可耳。"即今教育当重环境之说也。孟夏为长大之始。人之于学,亦所以广大其身,《礼记·文王世子》:"况于其身以善其君乎?"郑注:"于读为迁。迁犹广也,大也。"故论为学之事。

《仲夏纪》 下标四目:曰《大乐》,言乐之所由生;并驳非乐,论颇精。曰《侈乐》,言乐贵合度,不贵侈大,侈则失乐之情。此篇有同《礼记·乐记》处。曰《适音》,言大小清浊之节,盖即所谓度量也。曰《古乐》,述乐之史。

《季夏纪》 下标四目:一曰《音律》,言十二律相生及十二月行政。曰《音初》,言东西南北之音所自始。末节同《乐记》。曰《制乐》,言治厚则乐厚,治薄则乐薄。下引汤、文、宋景公之事,无甚深义。曰《明礼》,言乱国之主不知乐,多侈陈灾祥之言。"乐盈而进",故于夏长之时论之。《仲夏纪》论乐之原理颇精。《季夏纪》所论,或为专门之言,或杂怪迂浅薄之论。

《孟秋纪》 下标四目:曰《荡兵》,推论兵之原理。谓有义兵而无偃兵,极精。曰《振乱》,曰《禁塞》,皆辟非攻之论,亦精。曰《怀宠》,此篇论所谓义兵者,即儒家所谓仁义之师。案儒家崇尚德化,而不言去兵。儒家经世之道,备于《春秋》,而《孟子》曰"《春秋》无义战",则"义战"二字,乃儒家用兵标准也。《吕览》多儒家言,此篇所述,盖亦儒义。予别有论。

《仲秋纪》 下标四目:曰《论威》,言立威之道。其言曰:"死生荣辱之道一,则三军之士,可使一心;三军一心,则令无敌。士民未合,而威已谕,敌已服,此之谓至威。"又曰:"兵欲急疾捷先,并气专精,心无有虑,一诸武而已。"皆兵家极精之论。曰《简选》,言简选不可专恃,然因此遂谓市人可胜教卒则非。曰《决胜》,言民无常勇,亦无常怯。有气则实,实则勇;无气则虚,虚则怯。兵有本干:必义,必智,必勇。兵贵因,因敌之险,以为己用;因敌之谋,以为己事。兵贵不可胜。不可胜在己,可胜在彼。必在己,不必在彼者,亦兵家极精之论也。曰《爱士》,言行德爱人,则民亲其上;民亲其上,则乐为君死。

《季秋纪》 下标四目:曰《顺民》,曰《知士》,义如其题。曰《审己》,言凡物之然也必有故,不知其故,虽当,与不知同,其卒必困。此言作事当通其原理,不可恃偶合。曰《精通》,言精神相通之理。圣人所以行德乎己,而四荒咸饬其仁。秋主则杀,故论用兵之事。《顺民》、《知士》乃用兵之本;《审己》则慎战之理;《精通》亦不战屈人之意也。

《孟冬纪》 下标四目:曰《节丧》,曰《安死》,皆言厚葬之祸。可考古代厚葬及发墓者情形。曰《异宝》,言古人非无宝也,所宝者异耳。以破世俗之惑。曰《异用》,言人之所以用物者不同,为治乱存亡死生所由判。意承上篇。盖人之愚,皆由为物所惑。不为物所惑,而且能用物,则所为皆成矣。此亦哲学家极精之论。

《仲冬纪》 下标四目:曰《至忠》,言忠言逆耳,非明主莫能听。曰《忠廉》,言忠廉之士难得。曰《当务》,言辩而不当论,同伦。信而不当理,勇而不当义,法而不当务,大乱天下,必此四者。即《孟子》"非礼之礼,非义之义,大人弗为"之说,亦所以恶"执中而无权"也。曰《长见》,言知愚之异,在所见之短长。审今可以知古,审古亦可以知后。故为后人所非之事不当作,因知而推之于行也。

《季冬纪》 下标四目：曰《士节》，言定天下国家，必由节士，不可不务求。曰《介立》，言贵富有人易，贫贱有人难。晋文公贫贱时能有介之推，而贵富时不能有，所以不王。曰《诚廉》，言诚廉之士，视诚廉重乎其身，出乎本性。曰《不侵》，言尊富贵大，不足以来士，必知之然后可。冬主闭藏，故言丧葬之理。墨家固主节葬，儒家、道家亦戒厚葬。然此特道术之士然，至于习俗，盖皆主厚葬。秦始皇等特其尤甚者耳。故戒厚葬之谈，实其时当务之急也。人能多所蓄藏则必智，而智莫大于知人；故诸篇多论求智之事，及知人之方焉。

《序意》 此篇为全书自序。《十二纪》本列《六览》、《八论》之后；此书在《十二纪》之后，亦即在全书之末；今本升《纪》于《览》、《论》之前，故序亦在《纪》与《览》、《论》之间也。《序语》似专指《十二纪》者，以其已非完篇也。见前。

《有始览》 首节言天地开辟。中与《淮南·地形训》同。末言"天地万物，大同众异"。与《庄子·天下》篇引惠施之说同。可见此为古代哲学家之公言，非庄、列、惠施等二三人之私论也。下标七目：曰《应同》，言祯祥感应之理。曰《去尤》，言心有尤则听必悖，故必去之，然后能听言。曰《听言》，言听言者必先习其心于学问。曰《谨听》，戒人自以为智。曰《务本》，言人臣当反身自省，不可徒取禄。曰《谕大》，言小之定必恃大，大之安必恃小；小大贵贱交相恃，然意偏于务大，则因人之蔽于小而不知大者多，故以是戒之也。古人论政，原诸天道；而一国之政，君若臣实共司之。此篇因论天地开辟之宇宙论，而及于君若臣所以自处之道，及其所当务也。此篇从天地开辟说起，亦可见《八览》当列全书之首。

《孝行览》 言为天下国家必务本，本莫贵于孝，多同《孝经》及

《礼记·祭义》。下标七目：曰《本味》，言功名之本在得贤。曰《首时》，言成功在于得时。曰《义赏》，言一事之成，皆有其外缘使之。赏罚之柄，上之所以使下也。赏罚所使然，久则成习，而安之若性，故赏罚之所加，不可不慎也。曰《长攻》，言治乱存亡，安危强弱，亦有外缘。汤、武非遇桀、纣不王，桀、纣非遇汤、武不亡。曰《慎人》，承上篇，言功名之成，虽由于天，然因是而不慎人事则不可。亦及不得时则不可强为之义。曰《遇合》，言外缘之相值，由于适然。曰《必己》，承上篇，言外物不可必，故君子必其在己，不必其在人者。多同《庄子·山木》，其言修德不必获报，无论如何，无必免患之法，可破修德获报之说。此览承上览，言治国之本，及总论成败之道。

　　《慎大览》　言强大当慎，居安思危之义。下标七目：曰《下贤》，言人主当下贤。曰《报更》，举报恩之事，言人主当博求士。曰《顺说》，言说术。曰《不广》，言智者之举事必因时。曰《贵因》，言创者难为功，因者易为力之理。曰《察今》，言先王之法不足法，当法其所以为法；因言察己可以知人，察今可以知古，法随时变之理。极精。曰《权勋》。此览亦承上览。《孝行览》论成功之术，盖就国家开创时立言；此览则就国家既成立后言之，皆守成之道也。

　　《先识览》　言国之兴亡，有道者必先知之。故有道者之言，不可不重。下标七目：曰《观世》，言有道之士少，不可不求。曰《知接》，言知者所接远，愚者所接近。所接近者，告之以远亦不喻。戒人不可自以为智。曰《悔过》，此篇承上篇，上篇言耳目有所不接，此篇言心智亦有所不至。因引秦穆公事，遂以悔过题篇，实非本意也。此可见各《纪》各《览》各《论》中之分篇，多后人所为。曰《乐成》，言民可与乐成，难与虑始。汹汹之论，不可不察。曰《察微》，言治乱存亡，始于至微。能察之,则大事不过。曰《去宥》,宥同囿。曰《正名》,言名实之间,不可不察。此览亦承前言之。《孝行》、《慎大》二览,皆就行事立言;此览则就知识立言也。

《审分览》 言君臣异职,人主不可下同群臣之事。下标七目:曰《君守》,言人君所处之分,以无为为尚。曰《任数》,言御下之术,当修其数。耳目智巧不足恃。曰《勿躬》,言人君不可躬亲事务。曰《知度》,言治要存乎除奸;除奸之要,存乎治官;治官之要,存乎治道;治道之要,存乎知性命。可见政治学与哲学一贯之旨。曰《慎势》,言以大畜小,以重使轻,此势不可失。曰《不二》,戒听众议以治国,此篇有脱文。曰《执一》,言天下之本在国,国之本在家,家之本在身;闻为身,不闻为国。亦道家养生之旨也。此览言臣主之分,而仍归本于性命之情,可见形名度数,皆原于道。

《审应览》 言人主应物,不可不审。其道在因人之言,以责其实,而不为先。下标七目:曰《重言》,言人主之言不可不慎。曰《精谕》,言缜密之道。曰《离谓》,言名实不副,为乱国之道。曰《淫辞》,言名实不副者,上不可无以察之。曰《不屈》,言察士应物,其辞难穷,然不必为福。曰《应言》,盖即举察士应物之辞。曰《具备》,言立功名者自有其具。说与治之务莫若诚。此览言人君听说之道,多难名、法家之言,以其能变乱是非也;而归结于臣主之务,莫若以诚,可谓得为治之要矣。

《离俗览》 言世以高行为贵,然以理义论,则神农、黄帝,犹有可非,微独舜、禹。盖极言理论与实际,不能相合,戒作极端之论也。下标七目:曰《高义》,言君子之所谓穷通与俗异,故不苟受赏逃罪;人之度量,相越甚远,不可不熟论。言以求众人之道驭非常之人，则必失也。曰《上德》，言用人者不可徒恃罚。曰《用民》，言用民者亦不可徒恃威，其理甚精。足箴法家过任威刑之失。曰《适威》，言立法必为民所能行。《管子》所谓"下令于流水之原"也。曰《为欲》，言民之可用，因其有欲。治乱强弱，由其使民之术不同，甚精。曰《贵信》，言信立则虚言可以赏，六合之内，皆为己府，而不患赏之不继矣。甚精。曰《举难》，戒求全。此篇承前览，前览言听言之术，此览则言用人之术也。

《恃君览》 言人之生恃乎群；群之所以不涣，恃乎群中之人，皆以群为有利；群之能利其群之人，以君道立也。此等原君之论，法家常主张之。然又曰："君道以利立，故废其不然而立其行道者。德衰世乱，然后天子利天下。"则又儒家"汤、武革命，应天顺人"之说矣。固知九流之学，流异原同也。下标七目：曰《长利》，言天下之士，必虑长利。利倍于今，而不便于后，弗为也；安虽长久，以私其子孙，弗为也。又谓贤者不欲其子孙恃险久存，以行无道，亦廓然大公之论。曰《知分》，言达乎生死之分，则利害存亡弗能惑。理颇近《庄》、《列》。曰《召类》，言祸福自来，众人不知，则以为命，其实皆有以召之。案上篇言理，偏重自然，故以此篇继之，以见事虽有非人力所能为者，然人事仍不可失也。曰《达郁》，言人身精气郁则病，一国亦然，郁则万恶并起。理极精。曰《行论》，言人主之行与布衣异，势不便，时不利，则当事仇以求存。何者？执民之命，不得以快志为事也。可破宋以后气矜之隆，不论利害之失。曰《骄恣》，言亡国之主之失。曰《观表》，言人心难测，圣人过人以先知。先知必审征表。众人以为神，以为幸，而不知其为数之所不得不然也。此览推论国家社会所以成立之原，由于众以为利，因博论利害之理,及人所以知利害之术,并及立君所以利民;戒人主不可以国自私,真廓然大公之论。

《开春论》 言贤主不必苦心焦思,在能任贤。下标五目:曰《察贤》,义如其题。曰《期贤》,言世主多暗,人君有明德,则士必归之。曰《审为》,言身重于天下。今人多趋利而忘其身。盖因下篇言爱类,故先及此也。曰《爱类》,言仁者必爱其类。贤人往来王公之朝,非求自利,欲以利民。故人主能务民,则天下归之。曰《贵卒》,言智者之异于人,以其能应变于仓卒之间。此论承前论。前论言人主利民之道,此论言贤人皆以利民为务,因及人君用人之方。

《慎行论》 言计利者未必利,唯虑义则利。下标五目:曰《无义》,极言义之利。曰《疑似》,言知必求其审,故疑似之务,不可不察。曰《壹行》,言人之行义,当昭然与天下以共见,使人信之。如陵上巨木,人以为期,易知故也。乘船者为其能浮而不能沉;贤士君子,为其能行义而不能行邪僻也。曰《求人》,上篇言壹行在己,故言求人以该其义也。曰《察传》,言得言不可不察。数传而白为黑,黑为白矣。故闻言必熟论。必验之以理。如"夔一足"、"穿井得一人"等,皆可以理决其无者也。此论实为破除迷信之根。此论承前二论。前二论皆言利,恐人误见小利,故此论极言以义为利之旨。利之为利易见,义之为利难知。故极言知之贵审。既知义则必行之,故又极言行之贵壹也。

《贵直论》 言直臣之可贵。下标五目:曰《直谏》,言非贤人不肯犯危谏诤,故人主当容察之。曰《知化》,言恶直言者,至其后闻之则已晚。曰《过理》,言亡国之主,皆由所乐之不当。曰《雍塞》,

言亡国之主,不可与直言。曰《原乱》,举祸乱因壅塞而生者以为戒。前论言知贵审而行贵壹,知及行必藉人以自辅,故此论承之,极言直臣之可贵也。

《不苟论》 言贤主必好贤。下标五目:曰《赞能》,言进贤之功。曰《自知》,言人主欲自知,则必得直士。曰《当赏》,言赏罚爵禄,人臣之所以知主,所加当,则人为之用。曰《博志》,言有所务,必去其害之者。贤者之无功,不肖者害之也。曰《贵当》,言治国之本在身,治身之本在得其性。所谓性者,则自然之道也。此论亦承前论,前论言直臣之可贵,此论则言人主当用贤去不肖。人主之于贤臣,固不徒贵知之,必贵能用之也。而以用人之本,归结君心,则《孟子》所谓"惟大人为能格君心之非","一正君而国定"者也。

《似顺论》 言事有貌相似而实相反者,因言循环之道。下标五目:曰《别类》,言剖析疑似之事,因推论智识有限,故圣人不恃智而因任自然。极精。曰《有度》,言必通乎性命之情,则执一而万物治。所谓性命之情者,即今所谓真理也。曰《分职》,言君当守无为之道,使众为之。曰《处分》,言物各异能,合众异正所以为同,故贵因材授任。然立法则必为人之所共能。曰《慎小》,义如其题。此篇承前,前论以知人用人归束于君,故此篇又总论君道也。

《士容论》 言诚则人应之,无待于言,言亦不足谕人。下标五目:曰《务大》,言务大则小自该。戒人臣欲贵其身,而不知贵其主于天下。与《谕大》篇有重复处。曰《上农》,言导民莫先于农。农则朴,朴则易用;农则重,重则少私义;少私义则公法立;可以战守。义与《商君书》同。上言男女分职之理,义颇合于《孟子》。言制民之产之法，又与儒家言大同。亦可见九流之学之本无不合也。曰《任地》，曰《辨土》，曰《审时》，皆农家专门之言，不易解。与《亢仓子》同。《亢仓子》伪书盖取诸此。此论亦承前。前五论皆言人君之道，此论则言臣民之务也。

尸 子

此书虽阙佚特甚，然确为先秦古籍，殊为可宝。按《汉志》杂家："《尸子》二十篇。名佼。鲁人。秦相商君师之。鞅死，佼逃入蜀。"《史记·孟荀列传》："楚有尸子。"《集解》："刘向《别录》曰：楚有尸子，疑谓其在蜀。今按《尸子》书，晋人也。名佼。秦相卫鞅客也。商君被刑，佼恐并诛，乃逃亡入蜀。自为造此二十篇书。凡六万余言。"《索隐》谓："尸子名佼，晋人，事具《别录》。"按裴骃、司马贞及见《别录》及《尸子》全书，所知较详，说当不误。晋、鲁形近，今《汉志》作鲁人，盖讹字也。其书二十篇，《隋》、《唐志》皆同。宋时遂残缺。王应麟《汉志考证》：李淑《邯郸书目》存四卷。馆阁书目止存二篇，合为一卷，其本又不传于后。清时所行，凡有三本：（一）为震泽任氏本，（一）为元和惠氏本，（一）为阳湖孙氏本。汪继培以三本参校，以《群书治要》所载为上卷，诸书称引与之同者，分注于下。其不载《治要》，散见诸书者为下卷，引用违错及各本误收者，别为存疑附于后，实最善之本也。今所传刘向校上《荀子》语，谓尸子著书，"非先王之法，不循孔氏之术"；刘勰谓其"兼总杂术，术通而文钝"。据今所辑存者，十之七八皆儒家言，刘向《校序》本伪物，不足信。此书盖亦如《吕览》，兼总各家而偏于儒。其文极朴茂，非刘勰所解耳。今虽阙佚已甚，然单词碎义，足以取证经子者，实属指不胜屈。今姑举其最要者数条。如《分》篇:"天地生万物,圣人裁之。裁物以制分,便事以立官。""君臣,父子,上下,长幼,贵贱,亲疏,皆得其分曰治。爱得分曰仁,施得分曰义,虑得分曰智,动得分曰适,言得分曰信;皆得其分,而后为成人。""明王之治民也,事少而功立,身逸而国治,言寡而令行。事少而功多,守要也。身逸而国治,用贤也。言寡而令行,正名也。""君民者苟能正名,愚智尽情。执一以静,令名自正,令事自定。赏罚随名,民莫不敬。"《发蒙》篇:"天下之可治,分成也。是非之可辨,名定也。过其实,罪也。弗及,愚也。是故情尽而不伪,质素而无巧。""故陈绳则木之枉者有罪,措准则地之险者有罪,审名分则群臣之不审者有罪。""是故曰:审一之经,百事乃成;审一之纪,百事乃理。名实判为两,合为一。是非随名实,赏罚随是非。是则有赏,非则有罚。人君之所独断也。""明君之立也正,其貌庄,其心虚,其视不躁,其听不淫,审分应辞,以立于廷,则隐匿疏远,虽有非焉,必不多矣。""明君不用长耳目,不行间谍,不强闻见;形至而观,声至而听,事至而应。近者不过,则远者治矣。明者不失,则微者敬矣。"实足以通儒、道、名、法四家之邮。又如《分》篇:"夫弩机损若黍则不钩,益若□则不发。言者百事之机也,圣王正言于朝,而四方治矣。"实《易·系辞传》"言行者君子之枢机"一节绝好注脚。又如《仁意》篇:"治水潦者禹也,播五种者后稷也,听狱折衷者皋陶,舜无为也,而天下以为父母,爱天下莫甚焉。"亦足与《论语》"无为而治者其舜也欤"相补足。此外典制故实,足资考证者尚多,不及备举也。

鹖 冠 子

此书历代著录,篇数颇有异同。《汉志》道家:"《鹖冠子》一篇,楚人。居深山,以鹖为冠。"《隋》、《唐志》皆三卷。《四库》所著录,为宋陆佃注本,卷数同。《提要》云:"此本凡十九篇。佃《序》谓韩愈读此称十六篇,未睹其全。佃北宋人,其时韩文初出,当得其真。今本韩文乃亦作十九篇,殆后来反据此书,以改韩集。此注则当日已不甚显。唯陈振孙《书录解题》载其名。晁公武《读书志》则但称有八卷一本。前三卷全同《墨子》,后两卷多引汉以后事。公武削去前后五卷,得十九篇。殆由未见佃注,故不知所注之本,先为十九篇欤。"按《汉志》止一篇,韩愈时增至十六,陆佃注时,又增至十九,则后人时有增加,已决非《汉志》之旧,然今所传十九篇,皆词古义茂,决非汉以后人所能为。盖虽非《汉志》之旧,而又确为古书也。第七、第八、第九、第十四、第十五诸篇,皆称庞子问于鹖冠子。第十六篇称赵卓悼之借字。襄王问于庞煖,第十九篇称赵武灵王问于庞煖,则庞子即庞煖,鹖冠子者,庞煖之师也。全书宗旨,原本道德,以为一切治法,皆当随顺自然。所言多明堂阴阳之遗。儒、道、名、法之书,皆资参证,实为子部瑰宝。

《博选》第一　此篇言君道以得人为本,得人以博选为本。

《著希》第二　此篇言贤者处乱世必自隐,戒人君不可不察。

《夜行》第三　此篇言天文地理等，皆有可验。"有所以然者，然，成也。随而不见其后，迎而不见其首；成功遂事，莫知其状；故圣人贵夜行"。夜者，暗昧之意。第十九篇"阴经之法，夜行之道"，同义。《管子·幼官》篇"若因夜虚守静"之夜，亦当如此解。

《天则》第四　此篇言："天之不违，以不离一；天若离一，反还为物。""人有分于处，处有分于地，地有分于天，天有分于时，时有分于数，数有分于度，度有分于一。""列地而守之，分民而部之；寒者得衣，饥者得食，冤者得理，劳者得息；圣人之所期也。""同而后可以见天，异而后可以见人，变而后可以见时，化而后可以见道。"盖言天地万物，同出一原；然既为万物，则各有其所当处之分；各当其分，斯为至治。物所当处之分，出于自然；能知其所当处之分，而使之各当其分，斯为圣人。合天然与人治为一贯，乃哲学中最古之义也。

《环流》第五　此篇言："有一而有气，有气而有意，有意而有图，有图而有名，有名而有形。""物无非类，动静无非气。""物极则反，命曰环流。"盖古哲学中宇宙论。又云："一之法立，而万物皆来属。""言者万物之宗也；是者，法之所与亲也；非者，法之所与离也。是与法亲，故强；非与法离，故亡。"亦人事当遵循自然之意。又云："命者自然者也；命无所不在，无所不施，无所不及。""命之所立，贤不必得，不肖不必失。"则定命机械之论也。

《道端》第六　此篇原本自然，述治世之法，与第八篇皆多明堂阴阳之言。

《近迭》第七　此篇言当恃人事，不当恃天然之福，而人道则以兵为先。颇合生存竞争之义。然云："兵者，礼义忠信也。行枉则禁,反正则舍。是故不杀降人,王道所高。得地失信,圣王弗贵。"则仍仁义之师,异夫专以杀戮为威者矣。

《度万》第八　此篇言度量法令,皆原于道。

《王铁》第九　"王铁"二字,义见首篇,此篇中亦自释之。此篇先述治道,亦法自然之意。后述治法,与《管子》大同。

《泰鸿》第十　此篇言"天地人事,三者复一"。多明堂阴阳家言。

《泰录》第十一　此篇亦言宇宙自然之道。又曰:"神圣之人,后天地生,然知天地之始;先天地亡,然知天地之终。""知先灵,王百神者,上德,执大道,凡此者,物之长也。及至乎祖籍之世,代继之君,身虽不贤,然南面称寡,犹不果亡者,其能受教乎有道之士者也。不然,而能守宗庙、存国家者,未之有也。"按《学记》一篇,多言人君之学。《汉志》以道家为君人南面之术,观乎此篇,则可以知古代为人君者之学矣。

《世兵》第十二　此篇大致论用兵之事。

《备知》第十三　此篇先言浑朴之可尚,有意为之则已薄,与《老子》颇相近。继言功名之成,出于时命,非人力所可强为。因言:"费仲、恶来,知心而不知事;比干、子胥,知事而不知心。圣人者必两备而后能究一世。"盖其所谓备知者也。

《兵政》第十四　此篇言兵必合于道,而后能胜。

《学问》第十五　此篇载庞子问:"圣人学问服师也,亦有终始乎? 抑其拾诵记辞,阖棺而止乎?"鹖冠子答以"始于初问,终于九道"。盖学问必全体通贯,而后可谓之有成。此即《大学》"物有本末,事有终始",《论语》"一以贯之"、"有始有卒,其惟圣人"之义也。

《世贤》第十六　此篇借医为喻,言治于未乱之旨。

《天权》第十七　此篇先论自然之道,而推之于用兵。亦多阴阳家言。

《能天》第十八　此篇言安危存亡,皆有自然之理。又曰:"道者通物者也,圣者序物者也。"又曰:"圣人取之于势,而弗索于察。势者,其专而在己;察者,其散而之物者也。"与第四篇义同。

《武灵王》第十九　此篇亦论兵事。

淮 南 子

《汉志》杂家:"《淮南》内二十一篇,外三十三篇。"《淮南王传》:"招致宾客方术之士数千人,作为内书二十一篇,外书甚众。又有中篇八卷,言神仙黄白之术,亦二十余万言。"今所传《淮南王书》,凡二十一篇。其为内篇,似无疑义。然高诱《序》谓:"与苏飞、李尚、左吴、田由、雷被、毛被、伍被、晋昌等八人,及诸儒大山、小山之徒,共讲论道德,总统仁义,而著此书。其旨近《老子》。淡泊无为,蹈虚守静,出入经道。言其大也,则焘天载地;说其细也,则沦于无垠。及古今治乱存亡祸福、世间诡异瑰奇之事。其义也著,其文也富。物事之类,无所不载,然其大较,归之于道。号曰鸿烈。鸿,大也;烈,明也;以为大明道之言也。故夫学者不论《淮南》,则不知大道之深也。是以先贤通儒,述作之士,莫不援采,以验经传。刘向校定撰具,名之《淮南》。又有十九篇,谓之外篇。"述外篇篇数,与《汉志》不合。《汉志》天文有《淮南·杂子星》十九卷,卷数与诱所述外篇篇数却符。然舍《汉志》"外三十三篇"不言,顾以其为《杂子星》者当外篇,于理终有可疑。案《汉志》,《易》家有《淮南王·道训》二篇。注曰:"淮南王安,聘明《易》者九人,号九师法。"今《淮南·要略》,为全书自序。其言曰:"言道而不言事,则无以与世浮沉;言事而不言道,则无以与化游息。"又曰:"今专言道,则无不在焉。然而能得本知末者，其唯圣人也。今学者无圣人之才，而不为详说，则终身颠顿乎混溟之中，而不知觉寤乎昭明之术矣。"可见淮南此书，实以道与事相对举。今《要略》两称"著二十篇"云云，盖以本篇为全书自叙，故不数之，若更去其首篇《道训》，则所余者适十九篇矣。高注久非故物，此序词意错乱，必为后人窜改无疑。颇疑高《序》实以十九篇与《原道训》分论。"言其大也，则焘天载地；说其细也，则沦于无垠"等，为论《原道训》之语。"及古今治乱存亡祸福、世间诡异瑰奇之事，其义也著，其文也富，物事之类，无所不载"等，为论其余十九篇之语。本无《外篇》之名。后人既混其论两者之语而一之，乃妄臆"其余十九篇"不在本书之内，遂又加入"谓之外篇"四字也。《汉志》言安聘明《易》者九人，高《序》所举大山、小山，或亦如《书》之大、小夏侯，《诗》之大、小毛公，一家之学，可作一人论；则合诸苏飞、李尚等适得九人矣。得毋今书首篇之《原道训》，即《汉志》所谓《道训》者，《汉志》虽采此篇入《易》家，而于杂家仍未省；又或《汉志》本作二十篇，而为后人所改邪？书阙有间，更无坚证，诚未敢自信。然窃有冀焉者：九流之学，同本于古代之哲学；而古代之哲学，又本于古代之宗教。故其流虽异，其原则同。前已言之。儒家哲学，盖备于《易》，《易》亦以古代哲学为本。其杂有术数之谈，固无足怪。然遂以此为《易》义则非也。今所谓汉《易》者，大抵术数之谈耳。西汉今文之学，长于大义。东汉古文之学，则详于训诂名物之间。今施、孟、梁丘之《易》皆亡，今文家所传《易》之大义，已不可见。《淮南王书》引《易》之处最多，见《缪称》、《齐俗》、《氾论》、《人间》、《泰族》诸篇。皆包举大义，无杂术数之谈者。得毋今文《易》义转有存于此书中者邪？《淮南》虽号杂家，然道家言实最多,其意亦主于道,故有谓此书实可称道家言者。予则谓儒、道二家哲学之说,本无大异同。自《易》之大义亡,而儒家之哲学不可得见。魏、晋以后,神仙家又窃儒、道二家公有之说,而自附于道。于是儒家哲学之说与道家相类者,儒家遂不敢自有,悉举而归诸道家,稍一援引,即指为援儒入道矣。其实九流之学,流异原同。凡今所指为道家言者,十九固儒家所有之义也。魏、晋间人谈玄者率以《易》、《老》并称,即其一证。其时言《易》者皆弃数而言理,果使汉人言《易》,悉皆数术之谈,当时之人,岂易创通其理,与《老》相比。其时今文《易》说未亡,施、孟、梁丘《易》,皆亡于东西晋间。其理固与《老子》相通也。《河图》、《洛书》之存于道家,亦其一证。宋人好以《图》《书》言《易》,清儒极攻之。然所能言者,《图》《书》在儒家无授受之迹耳;如何与《易》说不合,不能言也。方东树说。方氏攻汉学,多过当误会之语,然此说则平情也。西谚云:"算账只怕数目字。"《图》《书》皆言数之物,果其与《易》无涉,何以能推之而皆合,且又可以之演范乎。然则此物亦儒家所固有,而后为神仙家所窃者耳。明乎此,则知古代儒、道二家之哲学,存于神仙家即后世之所谓道家。书中者必甚多。果能就后世所谓道家之书,广为搜罗,精加别择,或能辑出今文《易》说,使千载湮沉之学,涣然复明;即道家之说,亦必有为今日所不知者。而古代哲学,亦因之而益彰者也。臆见所及,辄引其端,愿承学之士共详之。

此书今所传者,凡二十一篇。《汉书》所谓外篇及中篇者,盖久亡佚矣。《汉志》于内外篇皆仅称《淮南》。今题作《淮南子》,"子"字盖后人加之。今所谓"某某子","子"字为后人所加者甚多。《隋书》及新、旧《唐志》皆作二十一卷。许慎、高诱两注并列。旧《唐志》又有《淮南鸿烈音》二卷，何诱撰。新《唐志》亦题高诱。《宋志》于许注仍云二十一卷，高注则云十三卷。晁公武《读书志》，据《崇文总目》，云亡三篇。李淑《邯郸图志》则云亡二篇。而洪迈《容斋随笔》称所存者二十一卷，与今本同。盖其书自宋以后，有佚脱之本，而仍有完本。高似孙《子略》云二十篇者，以《要略》为淮南自叙，除去计之，《四库》亦以为非完本，非也。《提要》又云：白居易《六帖》引乌鹊填河事，云出《淮南子》。今文无之，则尚有脱文，案此必不出内篇，《四库》此言亦误也。音二卷，实出何诱。新《唐志》并题高诱者误。今本篇数仍完，而注则许、高二家，删合为一矣。以上并据庄逵吉《叙》。向所行者为庄逵吉校本。原出钱坫所校《道藏》本。近人刘文典撰《淮南鸿烈集解》，用力至勤，法亦严密，读胡适《序》可见。实佳者也。

《原道训》 此篇言道之体用，皆世所谓道家言也，极精。《淮南》书中，世所谓道家言，予疑其实多与儒家言合。今从众所称名，仍称为道家言。甘一篇唯《要略》下无"训"字，姚范云：疑"训"字乃高诱自名其注解，非《淮南》篇名所有。

《俶真训》 此篇为古代哲学中之宇宙论，因推论及于事物变化无极，生死无异，极精。

《天文训》 言天文、律、历、度、量、衡等事。亦推论及于哲学。

《墬形训》 此篇颇似荒怪。然古实有此说，特今尚未能大通耳。凡古书言地理之荒怪，有可信，有不可信者。为后人窜造最多者，为《山海经》、《穆天子传》等书。如此篇及《楚辞》等，则其较可信者也。

《时则训》 前述十二月行令，与《月令》同。下多五位六合。篇末明言为明堂之制，可见以《月令》为秦制者非矣。

《览冥训》 此篇大旨言物类之相感应，非人所能知，故得失亦无从定。圣人之所以不恃智而贵无为者以此，亦哲学中之精论。

《精神训》 此篇大旨言我本自然之物，故当随顺自然。所以不能随顺自然者，以嗜欲害之也。故当去嗜欲。又言天下之不足欲，死生之无异，以见嗜欲之不足慕，极精。末节辟儒家之言礼乐，不能使人无欲，而徒事强制，亦有精义。

《本经训》 此篇言仁义礼乐之不足行，世所谓道家言也。

《主术训》 此言人主所执之术。首言无为，道家言也。次言任人，任法，势治，名实，法家言也。末言制民之产同《王制》，又有同《公羊》、《礼记》、《孟子》处，则儒家言也。

《缪称训》 此篇首言道灭而德用，德衰而仁义生，世所谓道家言也。下言治贵立诚，则世所谓儒家言也。

《齐俗训》 此篇言礼俗皆非本性，不得执成法以非俗，亦不得以高行为俗，颇精。

《道应训》 此篇解故事而以老子之言结之，颇似韩非之《喻老》。又引《庄子》、《管子》、《慎子》各一条。

《氾论训》 此篇论变法，与商君之言同，盖法家言也。其论因迷信而设教一节，极有见。又言圣人处刚柔之间，贵权寡欲，则世所谓道家言。

《诠言训》 此篇言无欲则无缪举，故治天下之本在身，身之本在心，爱身者可以托天下，又言无为之旨。又言合道术者，但能无害，不必能求利。亦养生之论也。

《兵略训》 此篇先论兵之原理。次及用兵之利，用兵之术。兵家极精之言。

《说山训》、《说林训》 此两篇以极简之言,说明一理,与他篇之议论纵横者,文体颇异,而味弥永。

《人间训》 此篇极言祸福倚伏之义,多引故事以明之。

《修务训》 此篇首言无为非不事事,下皆劝学之语。又针砭学者眩于名而不知真是非。论亦切至。

附　　录

整理旧籍之方法

将从前之旧书，用一种新方法整理之，此乃近来新发生之一种需求。此种需求所由发生之故，因吾人无论研究何种学问，必有其对象。此种对象，属于自然界者，则为自然现象，属于人为界者，则为社会现象。书籍之所记载，亦宇宙间之一种现象也，与吾人所目击身受之事物同。从前读书者，多以书为特殊之物，与其他事物视为两事，故其所读之书，全不能活用，而研究之方法，亦鲜正确之根据。近人渐知书之所载，亦属宇宙间之现象，其为吾人研究学问之对象，与吾人目击身验之自然现象、社会现象无异。是即近人研究旧籍之观念，与昔人不同之点。

事物之本体，非吾人之所得知。所知者其现象而已。宇宙间之现象亦无限，吾人取其一部分而作为研究对象者，其动机有二：一属于利用方面，一属于求知方面。于此两者，必有其一，乃得感觉研究之兴趣。唯同一现象，有古人视为有研究之必要，而今人对之毫不感其兴味者，亦有今人视为有研究之必要，而古人视为无足措意者。此即由于各时代利害关系之不同，因而其所致疑而求解决之问题亦不同。譬如天花，昔人极重视之，以为危人之生命者，莫此病若也。而自发明接种牛痘以来，一般人视之遂不若古人之郑重。医家研究此病之治法，亦当然不及古人之热心。又如地理之学，从前多偏政治军事方面，故其研究多取材于历史，而其取材又多偏重战事。但近来此学之目的及范围，亦与前此大不相同矣。

今昔不同之点，即由于研究之目的不同。是以同一旧籍，有昔人视之毫无疑意者，而今人每多疑问发生者，于此若仍用古人研究之方法，必不能合于现在之需要，至易见也。此研究古籍不能与昔人取同一手段之理由，而亦即旧籍欲用新法整理之一种理由也。此种理由多为吾人所深悉，不待多赘，兹就整理旧籍之具体方法略言之。在研究此具体方法之前，又不能不研求吾人所欲整理之物_{即所谓旧籍}之性质。

旧籍之分经、史、子、集，始于魏而成于唐，自此以来未之有改。此种分法之由来，盖中国在太古时代无所谓书，文化渐进，乃有所谓学问，乃有所谓书籍。最初之书有两种：其以记载为主者，_{记载当时之宇宙现象}。即所谓"史"是也；就宇宙之种种现象，加以研求，发明种种公理，自成一家之学，则"经"与"子"是也。经、子本同一之物。但自汉之后，崇尚儒家之学，遂由诸子中提出儒家之书，与诸子之书别而称之曰"经"。古人之研究学问，多墨守一家，纯一不杂，故其所著之书，可就其学术之派别分类，如刘歆之《七略》是也。后世则研究渐广，所著之书，取材之方面亦多。同一书也，视为记载现象之史一类固可，视为研求现象发明公理之经、子一类，亦未尝不可，而就其学术派别言，则亦多兼综各家。同一书也，视为儒家可，视为兵家道家等等亦未尝不可。此等书于经、史、子三种之中，无类可归，乃不得不别立为一种而称之曰"集"。此犹现在编新书之目录，政治可云政治，法律可云法律，至非研究一种学术之杂志，则无类可归。编旧书目录者，经可曰经，史可曰史，而兼包四部之丛书，则不得不别立丛部云尔。此种方法，实应于事实上之必要，故自唐迄今莫之能易也。吾人欲论整理旧书之方法，亦当就此四者分论之。

经、子之价值相等。近今有一部分人过于轻视孔子，吾人固不必附和，但亦不必如昔人之重视过甚，唯有以相等之价值视之而已。但从研究之方便起见说，则经、子仍不能相提并论。先从经入手，较之先从子入手，难易实大相悬殊。此由汉代以后，儒家之学孤行，传书既较他家为多，而治儒家之书者，亦远较治他家之书者为多。既有注，又有疏，又有发挥考订之书，自此入手，实远较治诸子之书为易。儒家之学，原非能与诸子之学绝对相异，天下本无绝对相异之学问。其中一部分思想，本彼此相同，至于训诂名物则其相同尤不俟论。故既能通经，即治诸子之学，亦不甚费力也。

治经之法，由汉至唐，大略相同，即皆尊信前人传注。宋以后则不然，好出己意，以推论前人之是非，此种见解亦甚是，但亦有坏处，即太偏于主观是也。学术在于求真。今既欲求治古书，即宜得古书之真相。汉人去古近，其所说易得古人之真相，而宋人则较难。故言治经，宋人之说，不能径以之为根据，但亦可为参考之资料。自汉至唐之经学，细别之又可分为"传注时代"与"义疏时代"。义疏时代之人所攻究，即为传注时代之人之传注。而传注时代又可分为三期。

（一）为西汉时代之经学。即清代所称之"今文学"。

（二）起于西汉末叶至东汉末而大盛。即清代所称之"古文学"。

（三）魏晋以后。古文学另行分出一派。此派本即东汉时之古文学，但其立说好与东汉末负盛名之人反对，且好造伪书，清代所攻击之"伪古文尚书"，可为此派代表作。

　　以上三派，果以何者之价值为最大乎？此可由几方面观察之。若以研究孔子之学问为目的，则今文学之价值最大，以其为孔子嫡派故也。但其所言，亦多讹误阙脱之处，吾人不能不加以辨别。若以研究古代社会情形，或古代天然界情形为目的，则今文学、古文学价值不甚相远。今文学所言皆孔门相传之口说。古文学之书，以鄙人观之，实出于伪造，但其材料则不尽伪。譬之《左传》，以之为《春秋》之传则伪，以之为古史则真。且今文学以鄙人之见，实亦孔子托古改制之书，并非古代之信史。古代之信史宁多存于古文学中，以其所据者，多有未经孔门托古改削之书也。此理甚长，当别论。

　　故由古文学研究古史，其价值甚大。但其伪造之部分，则更不及今文学家之书之可信。今文学虽亦托古改制，但其非托古改制处，则自然真实。即有误谬之处，亦出于无意之传讹，非如古文学之有意伪造。凡无意之传讹，恒有其线索可寻，加以改正较为容易。若两者之说，皆无确据，而皆出于想象时，则今文学亦较古文学为优，以今文学在古文学之前故也。譬之吾人于祖先之事实知之不完全，而借想象以补足之，则祖若父之所想象者，必较吾人之所想象为确。不过其程度之相差，尚不甚远。至魏晋人所造之伪书，如《伪古文尚书》、《竹书纪年》、《山海经》等，则其价值又小，取之不可不极矜慎已。

　　吾人今欲治经，必于此三派之书，能分别明了，乃不致发生错误。魏晋人所造之书，必于汉人之说有合者，乃可取之。汉人之书，则必分别其为今文抑为古文，然后可着手整理。

整理旧籍之方法

此法在应用上，实有甚大之效果。凡一史实，无论如何纷然淆乱，苟于今古文之派别知之甚真，殆无不可整理之使成为两组者。故用此法对于复杂之问题，在研究上恒较易得条理系统。研究古史，必由经学中裁取材料，而材料之整理甚难，以上所述，在鄙人实自信为一种良好之工具也。

今古文学之书今皆不全。今文学最早最纯者，据《史记·儒林列传》所述，则有八家。至东汉乃分为十四博士。

如下图：

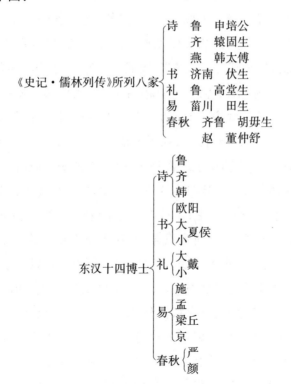

此十四博士虽已非纯粹之今文家,但相去尚不甚远也。至东汉末古文学大盛,古文学之异于今文者如下:

古文学 { 诗　毛氏
书　古文尚书
礼　周礼
易　费氏
春秋　左氏传 }

此时治古文学为一时之趋向,今文虽立于学官,名家者极少。大家辈出,郑玄其尤著者也。玄生平注书甚多。除经学外,尚有关于法律等书。经注除《左传》未成外,余皆完备,《左传》服虔成之,亦与郑无大出入。不愧为当时泰斗,古文学至此已臻于极盛时代,盛极必反,王肃之一派遂起而代之。王肃者,晋武帝之外祖,于经学亦兼通今古文。郑、王皆兼通今古,不守家法,但皆侧重于古。但其攻郑氏之手段,则极为卑劣。肃欲攻郑说,乃先伪造古籍以为根据。如《孔安国尚书传》、《论语注》、《孝经注》、《孔子家语》、《孔丛子》诸书,皆肃所伪托,以为托孔子后裔记述之言易于取信,以证明己说,古文学至此乃有真有伪矣。然魏晋时本为哲学运动时代,人皆厌弃东汉古学之烦碎,遂成一种谈玄之风,浸以施之于说经,与郑、王之学乃迥不相同。何则?郑、王之所本虽异,而其治经之方法则不甚相反,至空谈说经之徒,则根本不变。魏晋以后,历南北朝以至于有唐,古文学与魏晋空谈说经之书并行,今文学已无人过问。唐时之《十三经注疏》,除《孝经》为玄宗御注外,汉人与魏晋人所注参半。其中独《公羊传》为何休注,属今文学,余皆古文学也。《十三经注疏》本为官修之书,抄袭前代之旧,甚至"大隋"字样亦未改正,其不纯固不待言。但材料之存,仍以此为大宗,仍不可不细读。

读经必先求得一门径。最简单之法，即将《王制》、今文学之结晶。《周礼》、古文学。《白虎通义》陈立疏证、十之九为今文学。《五经异义》陈寿祺疏证此为今古文对照之书，其异同重要之点，皆具此书中，故极有读之之必要。四书阅之，以为第一步功夫。再进，则十三经在清时除《左传》《礼记》外，皆有新疏。凡古书之不易解者，一经清人疏证，皆可明晓，此实清儒不可没之功。清代汉学家最重归纳之法，所列证据，务求完备。吾人苟循其所列之证据而求之，可得许多整理旧书之方法。清儒著述甚多，一时不能详述。最近北京新学会出版之《改造杂志》，有梁启超之《前清一代中国思想界之蜕变》，在三卷三号至五号中。述此最为详尽，极可参照。

以上为关于"经"者。

古子与经本互相出入，但从事研究不若经之容易，因注释疏证者远不若经之多也。又四部之中，唯子包括最广，各种专门之学皆隶焉。研究之法，若专研究一科之学者，即宜专择此类之书读之。其要在先有现在科学上之智识，则以之读古书，亦自然易于了解。如究心农业者，则专读农家之书；究心军事者，则专读兵家之书是也。

更就其普通者言之，则当用一种区别时代之方法。即将子书区分为三大时期：

（一）周秦诸子时代；

（二）汉魏六朝时代；

（三）唐代。

在以上三时代中，（一）之价值极大，（二）之价值次之，（三）之价值又次之。但在（一）之中，有一书全部为伪者，亦有一部分为伪者，不可不注意。在（一）之中其价值最大者，当为下列各书：

(一)《老子》 全真

(二)《庄子》 半真半伪

(三)《墨子》 真多伪少

(四)《管子》 有真有伪

(五)《韩非子》 大部分真

(六)《荀子》 半真半伪

(七)《吕氏春秋》与《淮南子》 为古之杂家，包含甚广

(八)《淮南子》 此书虽为汉人所著，但多先秦成说，故列入。

诸子能得清儒疏证本最佳，如孙诒让《墨子间诂》、王先谦《荀子集解》是；次则校本，如浙江书局《二十二子》是。

宋以后学术思想大变。子部之书，当以理学为正宗。此外学者之思想，多为片段的发表，编入各家专集内，如唐以前编为一"子"之风衰矣。

研究理学，从前学者所用之法，亦颇可取，即先观各种学案，于各人传记，知其大略，于其学说稍得要领后，再深求之于专著。盖关于理学之著作，说理既深，又多为东鳞西爪，骤阅之每不易得其条理系统，又一人学术思想之来源与背景，皆不易明了，故以先阅学案为便。欲知一人学术之真相，学案之价值自然不及专著，但著学案者，多于理学极有研究，所裁取者皆其重要部分，较之阅各家专著，在初学，转较易得其扼要所在也。

以上为关于"子"者。

集类之书，至唐而多，宋以后其关系乃大。唐以前集部之书多为文章，以其时有学术思想者发表思想时，尚多书为子书也。宋以后此风益衰，发表学术思想之作，多入之于集，集类之书，自此而多，

其价值亦因此而大。集之为言杂也，欲于此中求得一提纲挈领之法，以判别其书入于何种何类极难。简便之方法，唯有先考其人长于何种学问，然后求其书而读之而已。长于某种学问者，原未必集中之文皆谈此种学问，然究以关于此类学问者为多，且较重要也。

以上为关于"集"者。

史之研究方法，苟详细言之，极繁，兹略述之。中国从前之史，就其性质言之，可分为两种。

（一）已编纂为史者，如正史、编年、纪事本末、政书是也。

（二）史材。即仅保存史料，而未用某种方法加以编纂者。

所谓已编纂为史者，即具有目的与一种方法，以此为条理系统而排列其材料者也。反之，则作为史材观可也。关于前者，正史之体最为完全，足以概括编年、纪事本末、政书等，但就研究上言，则因其事实多分散于表、志、纪、传中，欲知一事实之原委，极不容易，故于此入手不便，不如先就他种之书求之。吾以为第一步，先将《资治通鉴》、清毕沅《续通鉴》、《明纪》或《明通鉴》阅之，次乃将马贵与之《文献通考》，择要浏览。此数种以二三年之功夫，即可浏览一通，于研究史学之根柢已具。研究史学至少亦须阅过此数种书籍。然后进而求之正史，乃觉较有把握。谓正史之体较为完全者，不过指其体例言，在事实上，二十四史原多不完全处，且有讹误，故亦必借他书补充考证。

于此有一言者，学术之趋势，本由混而趋于析。从前之人，将宇宙间各种现象，皆罗而列之一书，而称之为史，此本学术幼稚时代之现象，自今以后，宜从事于分析。如《食货志》可析出为经济学史，《天文》、《律历》亦宜各归专家研究是也。要而言之，今后学术之分类，一种学术之范围及内容。皆当大异于前。吾侪之于旧书，不过取其材料而已，此其所以当用新方法整理也。从前研究史学之人，有以前此之史为不完全，思网罗群籍，更编为一完全之史者，其结果无不失败。反之，专研究一部分，更求精密者，其结果无不成功，如《通考》《通鉴》皆就正史而析出其一部分，在研究上价值极大。《通志》意欲包括从前之正史，要求完备，然其与正史重复之部分，并无用处。近人每好言著中国通史，吾不知其所谓"通"者，其定义若何？若仍如《通志》之所谓通，吾敢决其必失败，以其与学术进化之趋势相反也。

若于中国向所谓"史"之中，将应析出之部分，尽行析出，然后借各科之辅助，将史学精密研究，划定范围，俾自成为一科学，则非今日所能。在今日，唯有从事于将旧时历史中应析出之部分，逐步析出，然后就各部分加以精密之研究而已。

又各种学问，皆须求得正确之事实，然后归纳之而得其公理，史学亦犹是也。前人所记载之事实，无可径认为完全、正确之理。从事于补足考正，实为第一步工夫。补足与考证，即前人之所谓考据也。故讲史学离不开考据。

关于第二类，即仅可认为史材之书。必先有一研究之宗旨，乃能取其材而用之。其整理之方法，望空无从讲起。但有一言，此项材料皆极可宝贵。近人每訾中国史部止是"帝王之家谱"及"相斫书"，此乃不知学问者之妄言。前人之材料，视乎吾辈之如何研究取用而已。以吾观之，中国史部所存，可宝之材料实甚多。正如丰富之矿山，数世采之，尚不能尽。

以上为关于"史者"。

以上所讲，不过研究方法之大略，未能详尽。最后吾更有一简要之方法，即于欲阅旧籍之前，先取目录之书，加以浏览是也。如此，则于旧学之分类若何，派别若何，变迁若何，以及现在书籍共有若干，心目中已知其梗概，他日参考既不致挂一漏万，即目前从事研究，亦易得其要领。今后研究学问，固重在分科，但关于全般之知识，亦极关重要。所谓由博返约，实为研究学问之要诀。未博而先言约，则陋而已矣。指示研究学问之方法，愈具体愈善，最能具体地指出研究之门径者，殆莫目录之书若。江南讲究读书之家，儿童初能读书，多有全读《四库书目》者，使其知天下之学问甚广，以启其求知之心，且可获得一广泛之知识，意至善也。目录之书甚多，就现在论，比较的最后最完全者，仍推清《四库书目》。但此书所述，止于乾嘉以前，道光以后之著述，及新辑出之书，尚无相当完备之书目耳。又《四库书目》但阅简明者无用，以吾人浏览之目的，不仅在知其书名，乃欲略知其书之内容，简明书目之提要太不精采也。又如以《四库书目》过繁，则暂可不观其存目。此外有张之洞《书目答问》及近人《正续汇刻书目》，亦便检阅，但无提要耳。此两书出于《四库书目》之后，所采之书，已有为《四库书目》所无者矣。以上两种书目之外，如前所举梁启超之《前清一代中国思想之蜕变》一篇，阅之于有清一代之学派，极易得其要领。

吾前所言，不过具体的广泛的初步整理旧籍之门径阶梯，最后所举之三种，实可谓为门径之门径，阶梯之阶梯。由此门径之门径，阶梯之阶梯稍进，则已得其门径阶梯，如再进，则升堂入室不难矣。

（一九二一年四月十六日沈阳高师丽泽周会举行特别讲演会，
　　吕诚之先生讲演，卞鸿儒君记录。原刊《沈阳高师周刊》）

乙部举要（一）

一

我去年曾在丽泽周会，讲过一次《整理旧籍的方法》，当时本想把重要的旧籍，略略举出来，后来因限于时间，仍只讲得一些理论。

书是没有一部无用的，只看我们怎样用他，所以要分别什么是有用的书，什么是无用的书；什么书重要，什么书不重要——在理论上，这句话不算十分完善，但是就研究的步骤上说，自然也有个先后缓急，若能把应看的书，说出个大略；并且说出一个大概的先后缓急，我想于治学的人，亦不无小补的。

但是这个题目，范围太大，一次讲，是讲不了的；至少也得分三四次，诸君是研究历史的人，我今日便把中国史部的旧书，择其最紧要的，讲个大概，但是：

（A）中国现在的史学，正在改造的时候，严格说来，实在是加以严整的组织，使它成为科学的时候。各种书籍，都和史学有关系，因为要重新组织，从前一切史书，我们只认为是史材，其余一切书籍，却也可称为史材。史材并不限于旧时称为史部之书。

（B）今天所讲演的，就旧时所称为史部的书，也不能讲全。至于其余，史部及非史部，将来若有机会，我当再作一次讲演。

二

向来讲历史的人，总把正史认作最重要，而且最可依据的书。这也有两种理由：

（1）"史者，记事之书"，这句话，粗看似乎对的，细究其实不对。"昨夜邻家生一猫"，为什么从古以来，总没有史家认为此是史实？可见史实必须取其比较重要的。什么是比较重要的史实呢？马端临《文献通考·序》最可以代表旧史家的意见。他把史事分为(A)"治乱兴亡"；(B)"典章制度"两大类。这两种，是否真正是重要的史实，而且足以尽重要的史实呢？我的意思是，重要的史实并不尽于此；然而此两项，却实在是重要的史实。这个姑且不论，就使此两项实在并不是重要的史实，从前的人，实在误认了，然而须知道：学问是没有一天能为突飞的进步的，总是从旧的里头，慢慢儿蜕化出新的来。那么，我们现在的史学，不能马上和从前的史学脱离关系，从前人认为重要的即使错误，我们现在也还有研究的必要，何况不能概指为错误呢？从前人认为重要的，是(A)理乱兴亡，(B)典章制度两大类，这两类，只有正史里是完全的。譬如编年史，就只详(A)类。政书，就只详(B)类。

（2）史材贵乎正确，讲正确，则以直接的史材_{即原本}为贵。间接的都出于直接的，在原则上，就只有间接的可能有错误，某一时代编纂的史书，大抵最初编出的，总是用正史体的，用他体的，总是取材于正史。自然也有例外，但终究是例外，那么，正史该说是原本，其余据正史编纂之书，都是翻本。

（3）不论治什么学问，总须有点普遍的智识，而现在的史籍有两种：一种是编纂成书的，一种是止于保存材料，预备人家编纂的。关于前一类的书，它必定划有一个范围，在此范围以内的史实，它要负搜辑完全的责任。事实上虽然未必能做到，然而既打定了这种主意，搜辑得毕竟比较要完全些，后一类的书，就难言之矣。正史是负责把向来史家认为重要的史实，都要想搜辑完全的，虽然事实上未必能做到。

（4）而且前一类的书，还要负一种责任，就是史材要取其正确的，至于后一类的书，本是预备他人编纂时取材，只是以多为贵。正确不正确，却可以不负责任，正史是属于前一类的，向来研究历史的人，依据必先尽正史，就是这个道理。

照以上说来，则正史在现在史书中，仍占重要的位置。正史是人人知道的，其名目可以不必列举，但所要注意的，在清代，正史只有二十四种，现在却奉大总统的命令，把柯劭忞的《新元史》，也加入其中，照《唐书》、《五代史》的例，与旧史并行，共有二十五史了。

三

正史有注的，共有五种：

(A)《史记》。晋裴骃《集解》，唐司马贞《索隐》，张守节《正义》。

(B)《汉书》。唐颜师古《注》。

(C)《后汉书》。唐章怀太子贤《注》，《后汉书》中的《志》，本系司马彪所撰的《续汉书》，此书凡八十卷。至宋代，仅存其志，真宗乾兴年间，乃取以与《后汉书》合刻，其注系梁刘昭所注。

(D)《三国志》，宋裴松之《注》。

(E)《新五代史》，宋徐无党《注》。

此中当以裴氏《三国志》的《注》为最佳，网罗旧文，足以补正文之不备，《三国志》最略。而且略有考证，以断定其可信不可信，不是抄撮汇齐便算了事的。必如此，才可以称为注史，若单是训释文义，那未免于史的文字方面太注重，于作史的意思，反抛荒了。

次之则裴骃的《集解》，其中存古书旧说极多，亦可宝贵。颜师古对《汉书》的《注》，亦负重名，其实错误的地方颇多。颜师古殊不能算做学者。

虽如此说，古书有《注》的总得看《注》，有《疏》的并得兼看《疏》，因为我们年代同古人相隔远了；不如此，往往容易误解，闹成笑柄，不可不慎。

四

正史于注之外，还有一种"补"，注是释史之不明，补是补史所未备，但两者亦不是绝对分离的，即如裴松之的《三国志》之《注》，就多含有补的性质。

补之一法，施之于表志的最多，其中最早的，怕要推宋熊方的《补后汉书年表》，此书颇精详。此外清儒所补的也很多，梁任公《清代学术概论》第十四节里，所举颇为完备，现在且借用他所举的：万斯同《历代史表》，钱大昭《后汉书补表》，周嘉猷《南北史表》、《三国纪年表》、《五代纪年表》，洪饴孙《三国职官表》，钱大昕《元史氏族表》，齐召南《历代帝王年表》。

梁氏所举的还有顾栋高《春秋大事表》一种，这书只应当算经部的书。但是现在讲学问的宗旨变了。经学，我自始不承认他可以独立成一种科学，而经学的全部，却是治古史最紧要的材料，即治后世的历史，也不是和经学没有关系。就事实论，把全部的经学书籍都看做治史学应用的书，亦不为过，又不独《春秋大事表》了。

此外又有《历代职官表》一种，系乾隆五十三年敕撰。以上系补表。补志，梁氏所举的是：洪亮吉《三国疆域志》、《东晋疆域志》、《十六国疆域志》；洪齮孙《补梁疆域志》，钱仪吉《补晋兵志》；侯康《补三国艺文志》；倪灿《宋史艺文志补》、《补辽金元三史艺文志》；顾怀三《补五代史艺文志》；钱大昕《补元史艺文志》；郝懿行《补宋书刑法志食货志》；洪氏《三国疆域志》，吾乡谢钟英先生又有《补注》。补注类清儒所撰：有惠栋《后汉书补注》；杭世骏《三国志补注》；王先谦《汉书补注》。其专补注书中之一部分的，则有如徐松《汉书西域传补注》。

考证的风气，亦起于宋人，现在所传的三刘刊误殿本《汉书》，已经附入。系宋刻本如此。又倪思的《班马异同评》，系比较《史记》《汉书》字句同异的，此外尚有数种。至于清儒考证正史的书，关涉全史的：有赵翼《廿二史札记》，王鸣盛《十七史商榷》，钱大昕《廿二史考异》，洪颐煊《诸史考异》。专考证一史的，有梁玉绳《史记志疑》，钱大昭《汉书辨疑》、《后汉书辨疑》、《续汉书辨疑》，梁章钜《三国志旁证》等。

关于正史，还有所谓"重修"者，是不满意于前人所修的书，因而有此举动。我们现在治史的宗旨，和从前的人不同，全部历史，都只认为史材。所以紧要的问题，是事实有无同异，不是考究体例，其中事实有同异，彼此不能偏废的，如新、旧《唐书》，新、旧《五代史》，早已听其并行了。至于单着眼于体例，因而重修的，譬如郝经的《续汉书》。所争者系把蜀汉改成正统。所有的事实，并不能出乎前史之外。我们所重在乎事实，事实自然还是取之于前史，是直接的。所以这一类重修的史书，虽有几种，都不甚重要，姑且置诸不论。

正史的名目，因"立于学官"而生，立于学官的书，在原则上只有一部，但是用这种体例著历史的，却不限于每朝一部，其与正史著于同时，而又用同一体例的，其书自然大有参考的价值；又后人用正史体例重修的正史，亦有时能（1）搜得旧正史以外的史材，（2）或考正旧史叙事的谬误。这类书，亦很有参考的价值，且等一会再论。

（吕诚之先生讲演，程国屏记录。
原刊于一九二二年《沈阳高师周刊》）

乙部举要（二）

我国史部的书籍，约分两种：

（A）编纂　已编成的历史书籍。

（B）搜集　保存历史材料之书籍。

（A）种书籍，因为有范围之限制，在此范围内，事实的调查，材料的搜集，不特完善，并且较为正确。

（B）种书籍，没有一定范围，对于材料不加选择，对于某种事实之记载，亦可记其一瞥，亦可详详细细记其全体，首尾俱备，而全不负编辑的责任，不过将这种历史的事实记载下来，专待后来研究历史的人，把它整理出来。这两种书籍，（A）种比较的有系统，我们看了以后，容易得到历史上普遍的知识，所以看历史的书籍，应当从（A）种书籍下手，以后再读（B）种书籍。我国历史往往记载一种太没有意义的事实，就像"邻家昨夜生一猫"等等，这种记载，实在没有一目之价值。

我国闭关时代，历史上对于外国史实的记载，视为无价值，不大乐意记载。但是这类事实，在今日视之，却是重要得了不得。历史这类事实，可是不胜枚举的。所以史事没有绝对的价值，要历史家用时代的眼光去鉴别它有没有价值。

我们现在的学术界，是处在什么样的时代呢？是处在无论哪一件事情，都要重新估定其价值的时代。所以我们研究历史,不论(A)种(B)种,都可以拿它当作史材。不管它是古代曾经重视的而现在不重视的,或者是古代轻视的而现代重视的,都该一律平等看待。待搜集齐全了,再经过我们的整理,然后重新去估定其价值。

(A)种的书籍就是正史,从来大家都拿他看做顶重要的,这内边有两个重要的原因：

(一) 正史是历史中比较完全的,它把历史的事实,分做两种：

(1) 治乱兴亡　本纪、列传、表

(2) 典章制度　志（书）、表

这个分类很足以代表我国历史家研究古史者的心理,而正史对于这两类,都有相当的记载。例如《通鉴》《通考》等书,不是注重治乱兴亡,就是注重典章制度,所以正史是史书中最完全的。

(二) 正史是直接的材料。我国每代灭亡之后,后代才修前代的正史,所用的体裁大半都是历代相缘的。正史修成以后,其余如纪事本末、通典、通志等都是依据着正史而编纂的（例外很少）。故吾人读正史是直接的,其余史是间接的。但正史记载虽较完全,而在研究上却不甚便,治乱兴亡是散见于本纪、列传的,典章制度只限于一代。前者固极不便于阅览,后者以典章制度,都是历代相缘,只读一代,亦难了解。故以先读编年、纪事本末、通考为便。

现在要讲正史的历史。正史之名,起于宋时,所定者共一十七史。《史记》、《汉书》、《后汉书》、《三国志》、《晋书》、《宋书》、《南齐书》、《梁书》、《陈书》、《魏书》、《北齐书》、《周书》、《隋书》、《南史》、《北史》、《新唐书》、《新五代史》。至明时增定《宋史》、《辽史》、《金史》、《元史》四种,合称二十一史。至清乾隆四年《明史》修成,合为二十二史,又诏增《旧唐书》、《旧五代史》,

共为二十四史。及至民国奉徐总统命令,柯劭忞《新元史》与旧《元史》并行,遂共为二十五史。

正史之中,以四史为最要。吾人读史,固当先读编年,后读正史,而四史则须先看。因为四史历代研究的人很多,并且以后的正史,多半都是因袭四史,所以四史差不多是后世历史的渊源,成了治史的常识和最普通的学问。故我们看史,当以四史为先,但是看史还有一个最要注意的事情,就是看注释。这差不多成了看古书的定律,不特看史要这样。这类古注很有用处,并且也可以拿来作编史的材料,《史记》里的《集解》,《汉书》的颜师古《注》,《三国志》的裴松之《注》,其材料都很有价值。研究正史很可作补助的,有下列几种:

(一)注释　如王先谦的《汉书补注》、杭世骏的《三国志补注》。至于补一部分的,则有徐松的《汉书西域传补注》等。

(二)补　以表和志内表为最多,至于本纪、列传则比较的少。

(三)重修　如并行之新、旧《唐书》,新、旧《元史》,新、旧《五代史》。其余如周余绪的《晋略》,郝经的《续汉书》等除已失亡者不算,现在还保存的,尚有一二十种。

我们现在研究历史,当以材料丰富为贵,正确为贵。假若有两部一样的书,可以看时间较早的,因为直接的材料总比间接的好一点,两部书不同,则必须都看。重修之书,除并行者外,后者异于前者的若不过是无甚意义之体裁,而材料则多照前书,还是可以废之不看。

补就是补史书上不够之处,注就是解释正史上不大明白的地方。这两种,清以前也有,但不如清时的多和精。怎么说呢?因为清代考证之学特盛,并且也非常精确,一件事,前人已有之说,差不多都被他们网罗殆尽。故我们看注,最经济的是先看清人的。关于这类书籍,择其要者,分列于下:参看梁任公所著《清代学术概论》十四节。

(一)关于历代者:赵翼《廿二史札记》、王鸣盛《十七史商榷》、钱大昕《廿二史考异》、洪颐煊《诸史考异》。

(二)专考证一史者:惠栋《后汉书补注》;梁章钜《三国志旁证》;梁玉绳《史记志疑》、《汉书人表考》;钱大昭《汉书辨疑》、《后汉书辨疑》、《续汉书辨疑》;周寿昌《汉书注校补》、《后汉书注补正》;杭世骏《三国志补注》。

(三)关于表志的专书:万斯同《历代史表》;洪饴孙《三国职官表》;顾栋高《春秋大事表》;齐召南《历代帝王年表》;钱大昭《后汉书补表》;钱大昕《元史氏族表》;周嘉猷《南北史表》、《三国纪年表》、《五代纪年表》;林春溥《竹柏山房十五种》、《历代职官表》官修;洪亮吉《三国疆域志》、《东晋疆域志》、《十六国疆域志》;洪齮孙《补梁疆域志》;钱仪吉《补晋兵志》;侯康《补三国艺文志》;顾怀三《补五代史艺文志》;倪灿《宋史艺文志补》、《补辽金元三史艺文志》;钱大昕《补元史艺文志》;郝懿行《补宋书刑法志·食货志》。

(四)关于古代别史杂史的考证笺注者:陈逢衡《逸周书补注》,朱右曾《周书集训校释》,丁宗洛《逸周书官笺》,洪亮吉《国语注疏》,顾广圻《国语札记》、《战国策札记》,程恩泽《国策地人名考》,郝懿行《山海经笺疏》,陈逢衡《竹书纪年集证》。

(五)关于元史者:何秋涛《元圣武亲征录校正》、李文田《元秘史注》。

正史之记载注重"治乱兴亡"和"典章制度"两方面，除此而外，亦有专注重一方面者，今分叙于下：

（1）专叙"治乱兴亡"方面者，关于这种著述的书籍，又分两种：

（A）编年史。以年为经，以事为纬，我们看了以后，可以了解每一个史迹的时代关系。这类书籍，又分两种：a.司马光《通鉴》，b.朱熹《纲目》，后人皆有续之者。这两种书籍前者比较好，因为朱熹著述的动机是模仿孔子的《春秋》，纯粹是寓褒贬的意思。所以每叙一个事实，都用一种特定的书法。比如某官某人卒，是叙好官某某死了。某人卒，是叙坏人某死了。某官某罢，是叙一个人不配作这个官，政府不是乱命。罢某官某，是叙一个人配作这个官，政府罢之是乱命。伏诛，是叙一个人应该死。杀，是叙一个人不应该死。

朱子治学，颇为谨严。但此书朱子不过成其一部，以其余委之于赵师渊，赵之治学，不大谨严。若我们讲宋学，以朱子为圣人，则此书可看，反此，则其书不见精好。续《纲目》之作者，为明人商辂，三编为乾隆所敕修。

明时有李东阳者，著《通鉴纂要》，专供皇帝之用，清因之作《御批通鉴辑览》，因应科举的原故，加之人人功名心切，所以一时大盛行于社会。现在时过境迁，其价值已失矣。

《通鉴》可看，最好连胡三省的《注》都看，续这种著作的，明有三家：（一）陈桱、（二）王宗沐、（三）薛应旂。这三人的著作，以薛为最后，也以薛为最好。

清时徐乾学著《资治通鉴后编》，清尚专为彼设一书局，但所著材料不特不完全,组织也不严密,后毕沅也有《续资治通鉴》之著,二者相较,以毕著为好。《续通鉴》止于元代,至于明,有《明纪》及《明通鉴》,二者相较,以《明通鉴》内容为好。大约这类书籍,后出者总比先出者为佳也。

(B) 纪事本末。这种史体与编年史相反,以事为经,以时为纬,我们看了以后,可以洞悉历史上一个事实的首尾,容易得到因果的关系。此类著作,创自袁枢,后继之者,代不乏人,今列其重要者于下:袁枢《通鉴纪事本末》,止于五代。高士奇《左传纪事本末》,马骕《左传事纬》,明陈邦瞻《宋史纪事本末》、《元史纪事本末》,无大价值。清谷应泰《明史纪事本末》,此书很有价值,因其成在正史之前,并非据正史而成者,吾人阅之,为直接材料。张鉴《西夏纪事本末》。很有价值。

(2) 专叙"典章制度"方面者:

(A) 三通。关于这一方面的著述,尚分多种,而以三通为著,唐杜佑《通典》。《续通典》、《皇朝通典》。宋郑樵《通志》。《续通志》、《皇朝通志》。元马端临《通考》。《续通考》、《皇朝通考》。《续皇朝通考》题刘锦藻,实仍寿潜所撰。

《通志》唯二十略为有价值,其余与正史同。《通典》,关于礼可贵之材料甚多,余不如《通考》。《通考》,乃继《通典》而作者,因马端临谓杜佑分类不善,乃另自编辑之,二者相较,以《通考》为良,关于汉宋两朝尤好,前者有特别考证,后者材料较宋史为多,且当较精确。部分材料《通典》有而《通考》无,实因马端临认为其对于历史无大价值,故删去之。但此等眼光,至今尤不失其为是也。

(B) 会要:叙国家制度之书也,今将其重要的著作,列之于下:王溥《唐会要》、《五代会要》。很有价值,因所记俱正史所无者。徐天麟《东汉会要》、《西汉会要》。很有价值。其余还有《六朝会要》、《中兴会要》、《国朝会要》等。

(C) 会典：历叙国家有多少机关，又每一机关所职何事。关于历代政治之述叙，以此类书为最完备，略似今之行政法。其重要著作，有《唐六典》、《明会典》、《清会典》、《清会典事例》。

(D) 礼仪：其重要著作，有《唐开元礼》、《政和五礼》、《新仪》、《大金集礼》、《明集礼》、《大清通礼》。

(E) 律例：即国家制定之法律，律者乃每代相因袭而不敢变，率多千百年前之旧，且多不适于用。所重者在例，故律例相冲突者从例，吾人看律必须兼看例，以律虽尊而不甚切于事。其重要者有：《唐律疏义》、《大清律例》。

以上所述今再撮其要，立表于下：

正史
- (1) 治乱兴亡
  - A. 编年史
    - 甲、通鉴
    - 乙、纲目
  - B. 纪事本末
- (2) 典章制度
  - A. 三通
  - B. 会要
  - C. 会典
  - D. 礼仪
  - E. 律礼

除上所叙以外，关于研究古史，则并无专著，仅杂叙于经、子之中，称之曰别史、杂史，因时间关系，暂置不讲。许多别史，为研究某一事所必需者，如《奉天录》，记唐代一藩镇叛乱时之情形。关于建文逊国之事，明人此类著作，凡数十种。《辍耕录》为研究元代典章制度所必需者。《啸亭杂录》则为研究清代典章制度所必需者。

其可参考一代之事者，则

（一）有关汉代的有荀悦《汉纪》、《东观汉纪》。

（二）有关唐代的，有《大唐创业起居注》，记唐代开国时之情形，材料出于唐正史之外。《贞观政要》、《顺宗实录》、《东观政要》。记宣宗时事。

（三）关于五代史者：王禹偁《五代史阙文》、陶岳《五代史补》、马令《南唐书》、陆游《南唐书》、《吴越备史》。载记。

（四）关于宋代者：李焘《续通鉴长编》，陈均九《备要》为此书删本。此书系编年体，共五百余卷，止于北宋。关于南宋者：李心传《建炎以来系年要录》、徐梦莘《三朝北盟会编》、王称《东都事略》。

（五）关于辽史者：叶隆礼《契丹国志》。因辽史缺乏，故此书颇可贵。

（六）关于金史者：宇文懋昭《大金国志》。

（七）关于元史者：《蒙古秘史》、《永乐大典》本。《皇元圣武亲征录》、《蒙古源流考》、洪钧《元史译文证补》、屠寄《蒙兀儿史记》未成，共刻十二本。

（八）关于明史者：王鸿绪《明史》。

以上诸书，差不多皆正史之渊源。

（九）关于外国史者：范成大《桂海虞衡志》，周去非《岭外代答》，记南方情形者。释法显《佛国记》，玄奘《大唐西域记》，记唐时西域印度方面之情形者。马欢《瀛涯胜览》，巩珍《西洋番国志》，记明时南洋方面之情形者。顾应祥《南韶事略》、《小方壶斋舆地丛抄》。记载关于外国之情形者。

至于地理与历史的关系，时令，及古史研究法等，这次因时间关系，不能再讲，只有待下次再说了。

诸位同学索国史简单参考书目，兹将上次程国屏君所记大略改正，请一传观。此题内容太多，上次讲时时间太促，讲得既有遗漏，又复杂乱，只可在同学中传观，切勿发表。

今讲得更简要些：

正史先读四史。

编年史读《通鉴》、《续通鉴》、《明通鉴》。或《明纪》。

纪事本末。读编年史，自觉大事已能贯通，则此可暂缓；否则再读通鉴，他种可暂缓。

《通志》但读二十略。

《通考》择有用之门类读之。

古史可但读《绎史》。

历史地理但读《方舆纪要》。李氏《历代地理韵编》可供查检。

如此每日能读三小时，不间断三年，上列之书可毕也。再进而求之，自己亦略有门径矣。关于清代之参考书，近日上课时已讲及，不赘。

近今所出教科书，夏曾佑《中国历史》三本，有有见处而论颇偏，陈庆年所编事实较详，中华书局中学中国历史参考书同。国学保存会《中国历史教科书》仅出两册，然讲古史有法，可供参考。

谢无量《佛学大纲》、《朱子学派》、《阳明学派》、《中国大文学史》亦尚可看。皮锡瑞《经学史讲义》大致好。此外一时亦想不起矣。

（此文为吕先生于一九二二年在沈阳高师达成会上讲演记录）

拟中等学校熟诵文及选读书目

凡研究一种学问，必有一定之途辙可循，此不易之理也。独今之言国文者不然，过高其说者，往往谓文章之妙，可以会意，不可以言传。而其过求浅近者，则又航绝流断港，而终不能至于海。此无他，未知今日学校所授之国文，其性质若何也。

文字本所以代语言，故两者决无相离之理。然言语不能无迁变，而一国之大，其民智又不能无高下殊，智有高下，斯其语有浅深，此又事之无可如何者也。吾国自昔崇古，一切学术，无不以古人为依归。凡研究学术之人，自无一不通古语，其人而既通古语矣，则其发为语言，自亦不免借古语以为用。犹今欧西各国人，有通希腊罗马文者，时亦用以著书也，然此固非不治学术之人所能知也。职是故，上层社会言语之迁变，遂与普通社会异其途，古语之已废于普通社会者，犹存诸上层社会，而上层社会因变迁而新增之言语，则非普通社会所能知，普通社会因变迁而新增之言语，又非上层社会所乐道，而文与语遂日趋分离矣。然此既废于普通社会之语言，在上层社会固犹日借以为用。然则今日之所谓文言，实仍为通行于现社会之一种言语，特非人人皆能之，又非矢诸口入诸耳而已。

或曰：文字既所以代语言，自贵与语言相合。今之所谓国文者,仍为通行于现社会之一种语言,则既闻命矣。然此特上层社会之人借以为用耳,普通社会之人不能尽解也。而普通社会之人所用之语,则上层社会之人无弗能知。然则今者径废所谓国文,而以俗语代之,可乎?曰:不可。一国之民智,不能无高下之殊,其所用之语言,即不能无浅深之异,予既言之矣。强智识程度较低之人,使操智识程度较高之语言,势固有所不能,强智识程度较高之人,使操智识程度较低之语言,理亦有所不可。何则?其意将格不达也。夫言语者,思想之表象,而彼我之情愫所由互通也。故一国之高等言语,实为其国人高等之思想所寄,由此而互相传习焉。此高等思想,则国家所恃以建立也。今欲废弃高等之言语,无论其不能也。苟其能之,则是摧弃一国高等之思想,而破坏其建国之精神也。夫国于世界,不徒贵横的统一,亦且贵纵的统一,有横的统一而后其势力厚,有纵的统一而后其根柢深。我国人自昔崇古,学士大夫之言语,多以古人为标准,致与普通社会之人相去日远,诚不能无少病,然以此故,而今人与古人其关系乃极密切,以全国土地之广,种族之错杂,交通之不便,而所谓上层社会之言语,转因其以古人为标准,故其变迁少,而彼此少差殊,俾全国有知识之人,常得相集为一体,其庸多矣。况前此高等之思想,悉寄于是,今既无以为代,而顾欲一举而废弃之,是使全国之人,皆下乔而入幽也,呜乎!其不可明矣。观乎此,则今日之所谓国文,其不可不肄习审矣。所当研究者,肄习之法耳。夫欲研究一种学问,必有其一定之途辙,而欲知其途辙,则又必先知其物之性质,此不易之理也。今者举国之人,皆言研究国文,皆言教授国文,而国文之性质若何?顾无一人焉能真知之者,又何怪其愈言教授,而其教授愈不得法邪？盖自魏晋以降，崇尚文词，举国相师，蒸为习尚，久之而学术与文字，遂至并为一谈，浸假而又并文学与文字为一谈。凡教人肄习文字者，其意无不即视为研究文学。夫文学者，美术之一种。而文字者，则现社会人之一种高等语言也。人之美术思想，固可以言语表之，然非必尽以言语表之也。言语之为用，固可借以表示美术思想，然亦非尽用之以表示美术思想也。故文学者，美术之一种。唯从事于美术之人，乃有事焉。至于普通学子之肄习国文，则不过授之以一种高等语言，俾其与昔人所传之思想，可以直接，而与今人之抱此等思想者，可以互通。犹之教英语者，欲以读英国人之书，学日本语者，欲以与日本人通意耳，非欲使之为文学家也。且即欲使人为文学家，亦必先使之通普通之语言而后可。未有普通之语言尚未能操，而顾能用其语言以达其美术思想者。此理之易明，而无待于再计者也。

然则教授国文之道可知已，教授国文者，教授现社会所通行之高等语言也。唯其如是，故其所授者，必确为是物而后可，其过高焉，而出于现社会所通行之高等语言以上，过低焉，而不及乎现社会所通行之高等语言，均非教授国文之道也。今试就中国现社会所有之文字，即其与语言离合之远近，而大别为三种焉。

一、通俗文　与现今普通之语言，相去最近，即欲使之全然相合，亦无不可，如近人所撰之白话书报是。

一、普通文　介乎通俗文与古文之间，所以通彼我之邮者也，如公牍书札是。

一、古文　与现今普通之言语，相去最远。如三代两汉之书，唐宋八家之文是也。

然同一古文，其中又有区别，盖语言之迁变出于自然，中国之高等言语，其迁变能与普通语言异其途，亦初非能不迁变也。职是故，有古人极通行之言语，而在今日，则因其非必要而删之者，又有古人未尝有之语言，而现今社会中人，因时势之需要，从而新增焉者。汉魏之文，卒不能同乎先秦、唐宋之文，卒不能同于汉魏、明清之文，又不能同于唐宋。以是故也，论者徒叹时势逐流，后人之文字，卒不古若，而不知言语变迁之公例实使之然也。职是故，同一古文之中，又当分为普通与特别二种，普通之古文，凡治学术之人，皆当有事焉。特别之古文，则唯治一种学术之人用之。其种类可分为二：一为文学的，治文学之人用之，如词章家之研索《骚》、《选》是也；一为考古的，专以考见古代社会之情形为事者用之，如经学家之讲求名物训诂是也。故特别的古文，亦可称为专门的古文，自此以外，则皆为普通的古文。今日学校所教授之国文，即是物也。

　　此普通古文之教授，当在何时，亦为一问题。予则谓当在中学。盖人操语之浅深，视乎知识之高下，而知识之高下，视乎年龄之长幼。人当在国民学校及高等小学时，年龄尚幼，知识程度尚低，无操此等语言之必要。且以知识程度，为年龄所限故，即强授之以古文，亦必不能解。至中等学校，则年龄渐长，知识程度渐高，一切学术之研究，皆将于是肇其端，非通较深之语，势必不给于用也。故予谓今者国民学校，宜纯授学生以通俗文，至高等小学，则授之以普通文，至中学乃授之以古文。此其事之可行与否？自为别一问题，今姑勿论。今所欲论者，则中等学校以上，教授国文之法而已。

　　教授国文之法，所首宜致谨者，即为选材。盖既曰教授高等语言矣,则其所教者,必确为是物,自无疑义。今之教授者,或过求高深,至以专门的古文授之,其人而为治专门之学者欤?则习之非其时,其人而非治专门之学者欤?则得之无所用,是以已死之古语授人也。其过求浅近者,又或不守定法,抉破藩篱,致所授者仍为普通文。前者之弊,承昔时私塾之余风者多犯之。后者之弊,则撷拾现今教育学之理论者多犯之。要之其所授者,皆非现社会之高等语言也。夫曰教授是物也,而其所教授也,实非是物,则更无是非得失之可论矣。此其宜审者一也。

凡言语之所以构成,不外三法。一曰称名,一种事物在此种言语中,称之为何名者,在彼中言语中,则当称为何名,文字中谓之字法,如桌椅在通俗文及普通文中,均可言桌椅,于古文中则当云几席是也。一为缀法,合各种称名而联缀之,其次第当如何,在文字中谓之句法。如古文中"我来自东","王来自商",在普通文及通俗文,均当作某从某处来是也。一为语言排列之次序,在文字中谓之篇法。如以古文、普通文、通俗文三者互译,其次第决不能不变更是也。言语固无死法可执,欲用一种语言者,亦非但执死法可能。然既曰教授国文矣,则教者不容不教,而学者于此三者,亦决不容不学,此又理之至易明者也。今之教授国文者,或执文章之妙,可以意会不可以言传之说,于此三者,一无所授。或又不知文学与文字之别,致所授虽多,绝非文法,一无所授者无论矣。所授虽多,而绝非文法,是亦与未授等也。此其宜审者二也。

文法之讲授,既已明矣。所谓国文教授者,遂由此而毕乃事乎?曰非然也。所谓文法者,其多实不可胜授,且其法将日出而不穷,教者之所授,不过举示其例而已。而其博涉之而能自知之,能自用之，则仍赖乎学者之自习，欲求学者之自习，则必领导之，使从美的方面入，所谓知之者不如好之者，好之者不如乐知者也。且普通言语之为用，未有能与美的方面全然分离者。今人多云文字有应用与美术之分，此亦自其大体别之耳。其实应用文字，未有全不须美者也。特其所需之美，与所谓美术文字者，性质不同耳。普通文字之所谓美，可从两方面观察之：一曰势力，一曰音调。势力宜于雄厚，音调求其和谐，具是两者，而后言语之用乃全。昔人称文字之美，每曰有声有色。所谓声者，音调之谓，所谓色者，势力之谓也。职是故，选授文字，不徒求其字法、句法、篇法之完善也，兼当求其声色可诵，古人之文，尽有平正无疵，操纵合度，而其声色不足称，亦非其至者。凡此者皆非选授文字之至焉也。此其宜审者三也。

明是三者，则于学校中教授文字之道，思过半矣。凡选授之文，求其熟诵。熟诵者，所以反复其字法、句法、篇法，使之极熟，而领略其势力及音调之美于无形之中也。然犹不但此，学文之道，犹之学语。凡学者，语必求其多所闻，然后能出之于口而无扞格，此引而置之庄狱之间之法也。若某种思想当用某种之言语达之，生平未之前闻，而欲其出之于口，此必不能得之数也。学校中所能熟诵之文字，其数有限，即使诵之极熟，而于所谓某种思想当以某种言语达之者，从未见过者实尚多，如是而欲以之读书，而无不通，以之达意，而无不达，仍为必不可得之事。故学校中于熟诵之文以外，又宜定一种书目，使之自行阅看，以广其见闻，见闻既广，然后某种思想，当达以某种言语，某种言语，宜出以某种形式，悉通贯焉而无扞格矣。此其宜审者四也。

凡治一种学问，必有其一定之途辙可循，有一定之途辙可循，而后目的地可期其至。向之言教授国文者，误于未知国文之性质若何，故不知其目的地。目的地且不知，遑论途辙？以上所论，自谓其目的地以及其所循之途辙，均已不误。所当研究者，循此途辙，以达此目的地，其所需之时间何若耳。向者扶床入塾之子，朝夕诵习，无非国文，中人之资，至弱冠而后通，其所需之时间，不为不多矣。此固由其所由之途辙，未能尽合，不免多耗时间，然亦决无多耗至五六倍之理。今中等学校，以每日授课一时计，一星期仅得六时，至多抵昔人之一日耳。年以四十星期计，仅抵昔人之一月又十日，是四年毕业其肄习国文之时间，仅抵昔人之五个月又十日也。加以他种学术间接裨益于国文者计之，至多亦不过一年。更以国民学校及高等小学之所肄习，各作一年计之，亦不过三年耳。如此而欲求其国文之通，是覆一篑之土，而冀成九成之山也。今之论者，每咨嗟太息于学校生徒国文成绩之不良，或归咎于教授之未善，或归咎于学生之不肯用心，而不知以今学校肄习国文之时间，而欲望其国文之通，本为必不可能之事也。如吾之所计，则中等学校生徒，每日宜以两时之功，肄习国文，一小时用之以诵及作，一小时用之于阅读，诵与作即在教室中为之，阅读则于教室以外自为之。吾所定熟诵国文之目，一星期之间，仅求其熟诵三百字左右，年以三十六星期计，除去作文及讲授时间，恢恢乎其有余地矣。阅读之书，不能限定其多少。姑以予所经历者计之。予幼时诵四子书时，日授十行，行十七字，每一分钟而诵一遍，以一小时计之，则可诵万又二百字矣。朗诵较阅读为迟。吾读四子书时，其程度尚不及今日之中等学校生徒，而生徒读书渐多，其阅读亦必渐速，今即皆弗论，即以予诵四子书所需时间为标准计之，每小时至少亦可读万字,年以三百日计,即可得三百万言。四年可得千二百万言,所熟诵者既得五万言以外,所涉猎者,至少又得千二百万言,如是而谓中等学校卒业之生徒,其国文尚不能通顺,吾不信也,而况乎其所熟诵及阅读者,尚决不止此数也。

熟论文目

第一年

篇　名	星期	选　录　要　旨
韩退之《原毁》	二	此篇取其格局整齐,为论辩文字入手之法。
欧阳永叔《朋党论》	二	姚姬传云:欧公之论,平直详切,陈悟君上,此为最宜。案昔时陈悟君上之体,今多可取之以开示公众,且便于初学之规范。
苏子瞻《留侯论》	二	以下三篇,皆专论一人一事之式。
《志林·范增》	二	《东坡志林》,均笔势高妙,非初学所能领悟,唯此篇格局整齐,便于规范。
苏明允《管仲论》	二	由大苏之畅达,进之以老泉之劲悍。
苏子瞻《谏军实》	三	子瞻少年文字,取其气势之盛,唯仍取其指陈切实者,其空论抵巇者不取。
苏子瞻《倡勇敢》	三	上篇主于论事,此篇主于说理。
苏子瞻《方山子传》	一	由东坡议论之文,引而进之于叙事之文。此等叙事文,蹊径浅近,易于效法。
韩退之《圬者王承福传》	二	叙事文兼有论断,且有兴会。
苏子瞻《石钟山记》	二	由东坡叙事之文,引而进之于记景物之文。
欧阳永叔《丰乐亭记》	二	由东坡记游之作,进以欧公杂记,俾识欧文之情韵。

篇 名	星期	选 录 要 旨
《泷冈阡表》	三	由欧公杂记,引进之以叙事之文。
苏子由《六国论》	二	此篇为纵论形势之法。
苏子瞻《策断》中	三	选录之意,与练军实、倡勇敢二篇同。而此二篇蹊径略高,故后授之。
苏子瞻《策断》下	三	此篇取其笔势变化。
苏子瞻《日喻》	一	赠序文之式,取其说理之精,设喻之妙。
韩退之《答陈商书》	一	由前篇进以韩公书说之文。取其说喻之奇,以博其趣。

第二年

篇 名	星期	选 录 要 旨
苏子由《三国论》	二	以下两篇,取其笔势之劲悍。
苏明允《衡论》御将	三	
柳子厚《桐叶封弟辩》	一	以下二篇,为柳州议论之文,取其谨严精悍。
柳子厚《驳复仇议》	二	
韩退之《讳辨》	一	由柳州之谨严,进以昌黎之瘦硬,为反复辩论之法。
柳子厚《种树郭橐驼传》	二	由柳州论议之文,引进之于叙事之文。
曾子固《越州赵公救菑记》	二	记叙之文,取其谨严简净。
柳子厚《始得西山宴游记》	一	由柳州叙事之文,引而进之以记景物之文。

续表

篇　名	星期	选　录　要　旨
柳子厚《钴鉧潭西小丘记》	一	以下二篇,为赠序中善状物态者。因柳州游记而进之。
柳子厚《至小邱西小石潭记》	一	
欧阳永叔《送杨寘序》	一	
韩退之《送高闲上人序》	一	
欧阳永叔《释秘演诗集序》	一	由欧公赠序,更进之以此篇,俾识欧文之精韵。
韩退之《张中丞传后叙》	三	由首篇更进以此篇,俾博识序跋文之体制,且为叙事兼议论之式。
欧阳永叔《张子野墓志铭》	二	以下二篇,为欧叙事文之善于言情者,由前授欧公之文引进之。
欧阳永叔《黄梦升墓志铭》	二	
欧阳永叔《祭石曼卿文》	一	由欧公志铭,引而进之以哀祭之文。
王介甫《祭高师雄主簿文》	一	更进授以此篇,俾识荆公文奇崛之气。
王介甫《赠光禄少卿赵君墓志铭》	二	因进授以荆公志铭,俾知叙事文中,有此高境。
王介甫《给事中孔公墓志铭》	三	此篇为叙事文提絜纲领之法,且取其气之萧飒。
韩退之《送董邵南序》	一	以下三篇,取其寄意深远,笔势雄挥,为含蓄不尽之法。
韩退之《送王秀才含序》	一	
韩退之《伯夷颂》	一	

第三年

篇　　名	星期	选　录　要　旨
苏子瞻《志林·始皇扶苏》	三	东坡晚年之作，心手相忘，独立千载，论辩文最高之境。其论文均贯穿今古，杂引众事而成，并可增论古之识。
柳子厚《论语辨》二首	二	上篇为序跋文，兼考证之式，下篇取其立论能见其大，且笔意若秋云之远，可望而不可即。
王介甫《周礼义序》	一	宏深肃括之法。
曾子固《列女传目录序》	二	南丰文之最高者，须法其气度雍容。
韩退之《争臣论》	三	此篇取其风格。
韩退之《原道》	四	辩论文变化错综之法。
韩退之《尚书库部郎中郑墓志铭》	一	由韩公论辩，引而进之于叙事之文，须领略其隽才逸兴及奇崛之气。
韩退之《试大理评事王君墓志铭》	二	
欧阳永叔《徂徕先生墓志铭》	三	笔陈酣恣，词繁而不懈，欧公志铭之极作，由前二篇进授之，俾知欧文之源出于韩，而面目各异。
王介甫《临川吴子善墓志铭》	一	因进授以荆公志铭，俾知荆公亦法韩，而其面目又与欧异。此篇为叙述庸德庸行之人之法。
王介甫《泰州海陵县主簿许君墓铭》	一	法其笔势高浑。
苏子瞻《表忠观碑》	三	以下二篇，因志铭引进之，以备体制。此篇须法其隽朗。

续表

篇　名	星期	选　录　要　旨
韩退之《柳州罗池庙碑》	二	此篇须法其古雅。
柳子厚《与李翰林建书》	二	书翰文言情之式。
王介甫《论本朝百年无事札子》	四	荆公之文，皆责难陈善，雄浑深厚，有泰山岩岩，壁立万仞气象，诚不愧为重臣硕儒之言，《上皇帝书》等，篇幅太长，非学校所能熟诵，授以此下二篇，略见一斑。
王介甫《度支厅壁题名记》	一	此篇所言，为极精之生计学理，须看其文字之高简雄浑。

第四年

篇　名	星期	选　录　要　旨
贾生《过秦论上》	三	贾生之文，取其雄骏宏肆。
晁错《言兵事书》	三	晁氏治申商家言，法其鸷悍而明切事情。
路长君《尚德缓刑书》	三	此篇取其沉挚。
扬子云《谏不受单于朝书》	三	此篇取其风格。
刘子政《论起昌陵疏》	三	此篇法其气度。
汉文帝十三年《除肉刑诏》	一	以下二篇，为诏令文字之式，选录之以备体格，汉世诏令皆文章尔雅，训词深厚，后世公牍文章之佳者，其原皆出于此，不得以体制相异而废之也。
后二年《遗匈奴书》	二	此篇兼为外交文字之式。
司马长卿《喻巴蜀檄》		司马长卿之文，姚姜坞谓其云兴水溢，有浑茫骏逸之气。所谓观扬班之作，而后知相如文句句欲活者也。

续表

篇　名	星期	选　录　要　旨
苏季子说齐宣王	一	以下四篇,为《战国策》之文。读此篇须看其设色妍丽,昔人所谓不着色之艳,唯《左》、《国》有之。
触詟说赵太后	二	以下二篇,为说辞之极则,兼有叙事之长。
鲁仲连说辛垣衍	三	
乐毅《报燕惠王书》	二	此篇雍容大雅,有古大臣风度,为书翰文之极则,后世奏议,亦多出于此。
司马子长《六国表序》	一	子长史序,寄意高远,笔势雄奇,固非初学所能效法,然文中有此最高之境,不可不知,故于末年授之。
司马子长《汉兴以来诸侯王年表序》	二	此篇兼为序跋文,提纲絜领之法。
班孟坚《货殖列传序》	二	由子长之雄奇高远,进以孟坚之缜密,以博其体。
司马子长《报任安书》	五	学校所授文字,限于时间,长篇极少,此篇之气,如长江大河,而起伏曲折离合之法毕具,正如建章宫千门万户,务须熟读万遍,庶作长篇文时不至气怯。

　　选读之文,第一年至第三年专取材于唐宋八家,第四年则取两汉文为主,而间及于《战国策》。盖吾国之文字,尝数变矣。而周以前之文,不唯非今人所能效为,实亦非今人所能全解。如《周易》、《道德经》、《墨子》之经上下篇等是也。东周以降,世变日亟,至战国之际而极。三代以前之世界,遂变而为秦汉以后之世界。吾国今日高等言语之渊源,实直接受诸此。凡诸先秦古书中,其平易易

解者，大抵此时人所自撰。其结解者，则传之自古者也。而其与今人之言语，尤相切近者，则实始于战国之际。试观《左传》、《国语》与《战国策》，同一善于词令，然《战国策》中词令，今人言语，往往似之。《左》、《国》所载词令，则今人言语，似之者绝少，可知矣。秦汉文字，皆承战国而渐变，其体势不甚相殊，东京而后，文乃日趋于丰缛，普通言语与文学，渐有并为一谈之机，至齐梁之际而极。自唐以后，乃有骈散之分，骈文专务华藻，与实际之言语相去愈远，遂专成为美术品。故学校之所教授，不得不以散文为断，授散文必托始于唐宋者，以其去今近，为学生所易解，授唐宋后之散文，必取其专门名家为文词者，以如是，其体例乃谨严，而合乎教授普通古文之旨，否则仍恐有一时代一地方之方言羼入，不免于教授已死古语之诮；或仍与普通文及通俗文界限不清也。其专取八家者，以唐宋后能文之人太多，取之不胜取，而八家为最著，后之治散文者，多取法焉。能读八家，则已造乎元明清诸家之源，于元明清诸家之文，无弗能解矣。且学生之诵习文字，必求其于美的方面，有所领会，而求其于美的方面有所领会，则其所授者不宜过杂，必以一家之文字反复授之，然后入之乃深，入之既深，而自有所得，则以观诸家，皆可由是而推之矣。此目所选诸文，排列之次序，必取其体制及格调相类者，连续授之，亦以此也。其上溯之两汉及战国时而止。则以今人文字直接之渊源，实出于此。自此以上，虽治普通的古文者不能尽废，然已非中等学校生徒，初治古文者所能尽解矣。此循序渐进之法也。

或谓他种学问，皆可行远自迩，登高自卑，独国文则不然，断宜取法乎上。盖后世之文字，其源皆导自古文，苟不通最古之书，则阅后世之书，皆不知作何语也。此亦不然，文字之难通与易通，究以与语言相去远近为标准。不然，何以向之读书者，日诵四子五经，而及其解读书，仍从浅近小说白话等书始乎？此以形式方面言之也。以实质言，无论如何博雅之人，于先代故实断不能一一记忆，读后世之书，必有不知其中事物之来历者。然亦无害其为能解。即如《史记》，两《汉》，其中包含百家学说最多。读是书者，似非先通经子之学不可。然向者读书之程序，何以又多先《史》、《汉》而后经、子乎？或谓入手之初，即读唐宋之文，将先入为主，终其身而不能变，此又不然。吾所拟选读文目，不过谓初学古时，以此入手，非使其终身诵之也。若谓先入为主，即终身不得变，则向之扶床入塾者，无不授以四书五经，可谓先入矣。何以长而作文不患似经书乎？况吾之所云，固以教授普通之高级国语，非欲以造就专门之文学家也。即终其身不晓唐宋人文字之范围，又何害焉？而况其决无此理乎？

辨别文章之体制，此治文学者所有事，非教授高级国语所亟也。自学校中选授国文之目的言之，大别为议论记叙言情，议论文中更分为论理论事；记叙文中，分为叙事记物；言情文中分为有韵无韵，足矣。言情之文，多近于美术的，故此目所选较少，议论叙事二者，则所授之数略相等。而论事之文，多于说理；叙事之文，又多于记物，此其大校也。今之论者，或谓作文当求切实用，故议论文宜少授，而记叙事物之文宜多授，此亦皮相之谭。文字之合乎实用与否，以其与语言相合与否为标准，不以所载之事物为标准。有是意，即能宣之于口，而笔之于书，其文字与语言之责尽矣。苟其所言者而不切于实际焉，是其人之思想，先不合于实际，而非其文字语言之咎也，所恶于今之议论文者，谓其徒摭拾古人之陈言，而非其心所欲言耳。此科举时代之遗习则然。苟教之者，深明乎学校所授者，实为现行之高级艰深语言，一一责之以自达其意，何至于是。苟教之者而为乡曲陋儒也。并国语与文学为一谈，而离语言与事实为二物，虽使之日操笔为记叙事物之文，其剽窃古人之文，亦犹其作议论文耳。而又何取焉？予谓教授文字者，不徒不当以议论文为戒也。并当多授之，且先授之以议论文。盖文字究以议论为难，记叙事物为易，先其难者，则其易者不烦言而解。且古人议论之文，其声色多显著，美的方面，易于领会。而记叙事物之文，则较高简难学故也。教学者作文，必先自昔人之所谓气势二字入，使其蓬蓬勃勃不能自已，然后彼自觉其乐趣，而自趋之，不至师劳功半，又从而尤之矣。

姚姬传氏之《古文辞类纂》，分类凡十有三。曾文正公之《经史百家杂抄》，分类凡十有一，今以此目，按诸姚氏所选，唯词赋箴铭颂赞之类无之；以其为文学家所有事，非习普通之高等言语者所急也。按诸曾氏所选，则无典志叙记之文，以其篇幅太巨，非学校生徒所能诵习也。其自唐宋八家上溯至战国为止，略与姚氏同，而与曾氏大异，以史传之文太巨，经子之文，多深奥难解，非中等学校生徒所知，苟选录焉，将蹈侵入专门的古文范围之咎也。然此目虽不注重于文章体制，而各种体制，实亦略备。苟教者能善为指示，而学者能自行隅反焉，则亦可以略识措词之体要，不至召支离灭裂之讥矣。

选授之目的，既在或取其说理，或取其叙事，或取其叙物，或取其记物，或取其言情，则观其适当与否，即当从其文字之内容求之，而不当徒泥其体制。近人选本凡例，有谓诏令奏议，体制与现今政体不符，故概不录入。又有谓碑铭传状，乃酬应之作，非实用所急，故均不选授者，此真耳食之谭。不知奏议文字，多明畅锐达，其势力之雄厚，他种文字，莫与为比。说理论事之文，可以牖启初学者，无过于此。志铭传状之类，其叙事亦多可法，若概以为体制不合而弃之，则今日之诏令呈文，前此竟何所有？将悉授以民国以来之公牍乎？抑译诸法美瑞士而后授之乎？志铭传状之叙事，皆不可法，则作叙事文者将何所法？其悉授以史传之宏篇乎？抑竟授以分章分节新体之传记邪？则何不但读历史博物教科书，何必更授所谓国文者乎？

选读书目，视选诵文目，界限稍宽，如学语然，凡以求其多所闻而已。今列其目如下：

集类一

《昌黎集》《河东集》《文忠集》《南丰集》《嘉祐集》《东坡集》《栾城集》《临川集》

集类二

《荆川集》《震川集》《壮悔堂集》《宁都三魏集》《望溪集》《惜抱轩集》《大云山房集》《茗柯集》《柏枧山房集》《曾文正公集》

集类三

《切问斋文钞》《经世文编》

集类四

《古文辞类纂》《骈体文抄》《经史百家杂抄》

史类一

《国语》《战国策》

史类二

《史记》《汉书》《后汉书》《三国志》

史类三

《资治通鉴》《通鉴纪事本末》

子类一

《荀子》《老子》《庄子》《列子》《墨子》《管子》《韩非子》《孙子》《吕氏春秋》

子类二

《新书》《新序》《说苑》《法言》《盐铁论》《论衡》《潜夫论》《淮南子》

经类

《诗》《尚书》《仪礼》《礼记》《周礼》

《周易》《春秋左氏传》《公羊传》《穀梁传》

大约第一二年阅集类，第三年阅史类，第四年阅经子。

集类中仍以唐宋八家为主，取其与诵读之文相联络也。其次序，宜先大小苏，次老苏，次欧公，次南丰，次半山，次柳州，而最后及于昌黎，明清诸家，则各从其所好涉猎焉。

总集如《昭明文选》等，乃肄习文学所有事，非习国语所需也。近人评选之本，率多俗陋，不可法。故但取《类纂》、《经史百家杂抄》、《骈体文抄》三种，《类纂》取其义例之善。《经史百家杂抄》取其源流之备。《骈体之抄》虽近美文，然学生中或有性好文学者，可涉猎焉以博其趣。此编所选，固华而不缛，与习高等国文之旨，尚不甚相远也。其列《切问斋文抄》、《经世文编》两种者，取其有益文字，兼俾实学，若学生中有性好经世之学者，可以《经世文编》为主，

《切问斋文钞》已包于是书中，本目所以兼采之，取其卷帙较少也。专读之，而八家及明清诸家专集皆以为涉猎之资焉。其后世人所选《经世文续编》、《三编》等，体例未善。近人所编辑诸书，究有较《经世文编》更为切用者，然于文事无益，故皆不取。此目所列，固以肄习国文为主，非以之言学问也。

史类之中，《国语》、《国策》，宜全读一过，以其卷帙无多，而于文事极有益也。四史、通鉴，皆不能全读，则可以选读之，其选读之法，一去其复重者，如《史记》则专取《项羽本纪》等太史公所自撰。而其网罗古籍而成者，则置之。《汉书》则去其与《史记》复重者。《后汉》、《三国》，又互去其复重者，此一法也。然犹不能尽也，则有以文字为标准，而选择之法，如《经史百家杂抄》之例，则所取者有限矣，此二法也。然所列诸书，决非学生所能尽解也，则可去其难读者，而取其易读者。如《史记》，则去《天官书》，读《汉书》，则去《律历志》是也。此三法也。其选取之法，或由教师示以目录，或令学生各分读几册。摘其宜读者，则令同学之人遍读焉；其不必读者则去之，皆可。读书之目的，既为肄习文字起见，则遇正文能粗解处，注均可不读。表志等排列事实者，亦可以不读，读经子亦宜以此法施之，此等读书之法，虽不足以语于学问，究于四部旧籍，略涉津涯，其人而有志旧学，固可为门径之门径。其人而无意旧学，亦不至茫无所闻。较之徒读俗陋之古文选本，浅薄之近出书籍者，相去远矣。凡阅书皆宜出之自力，为教师者，虽可偶备质问，助析疑义，而断不可操刀代斫，大加辅助。即答问亦宜极少。阅者既以涉猎为主，尽可不求甚解。大致能明白者即置之，必实不能通者，然后从事于考求焉，考查不能得，亦即姑置之。所谓看书如攻城略地,但求其速也。质而言之,只求其每日能有一小时,一小时中能粗枝大叶阅过一二万字,则积以四年之久,国文自无不通之理,以后特以阅书,自不患其不解耳。今之学生阅书之事绝少,阅读中国古籍,尤为绝无仅有之事,以致于阅书之法,全无所知,以为阅一书,亦必如听教师之讲解教科书,至字字明白而可也。于是惰者,偶一翻阅,遇不能通处,辄弃去。其勤者,则字字请益教师,语语查阅字典,卒至不能终卷而后已。皆由未知读书必出之以渐,初读书时,必经过触目荆棘之一境故也。为教师者,宜时时诏告之。

(一九二三年写于江苏省立第一师范学校专修科)